"十四五"时期国家重点出版物出版专项规划项目

转型时代的中国财经战略论丛

高校就业困难毕业生
就业指导理论与实践

Theoretical Guidance and
Practice of Employment for Graduates with
Employment Difficulties in Universities

危 红 赵金鹏 著

中国财经出版传媒集团

经济科学出版社
Economic Science Press
·北京·

图书在版编目（CIP）数据

高校就业困难毕业生就业指导理论与实践/危红，
赵金鹏著 . -- 北京：经济科学出版社，2024.5
（转型时代的中国财经战略论丛）
ISBN 978 - 7 - 5218 - 5909 - 6

Ⅰ.①高…　Ⅱ.①危…②赵…　Ⅲ.①高等学校 - 毕
业生 - 就业 - 研究 - 中国　Ⅳ.①G647.38

中国国家版本馆 CIP 数据核字（2024）第 100998 号

责任编辑：于　源　侯雅琦
责任校对：李　建
责任印制：范　艳

高校就业困难毕业生就业指导理论与实践
危　红　赵金鹏　著
经济科学出版社出版、发行　新华书店经销
社址：北京市海淀区阜成路甲 28 号　邮编：100142
总编部电话：010 - 88191217　发行部电话：010 - 88191522
网址：www. esp. com. cn
电子邮箱：esp@ esp. com. cn
天猫网店：经济科学出版社旗舰店
网址：http：//jjkxcbs. tmall. com
北京季蜂印刷有限公司印装
710×1000　16 开　9. 75 印张　155000 字
2024 年 5 月第 1 版　2024 年 5 月第 1 次印刷
ISBN 978 - 7 - 5218 - 5909 - 6　定价：42. 00 元
（图书出现印装问题，本社负责调换. 电话：010 - 88191545）
（版权所有　侵权必究　打击盗版　举报热线：010 - 88191661
QQ：2242791300　营销中心电话：010 - 88191537
电子邮箱：dbts@ esp. com. cn）

总　序

　　"转型时代的中国财经战略论丛"是山东财经大学与经济科学出版社在合作推出"十三五"系列学术著作基础上继续在"十四五"期间深化合作推出的系列学术著作，属于"'十四五'时期国家重点出版物出版专项规划项目"。自2016年起，山东财经大学就开始资助该系列学术著作的出版，至今已走过7个春秋，其间共资助出版了152部学术著作。这些著作的选题绝大部分隶属于经济学和管理学范畴，同时也涉及法学、艺术学、文学、教育学和理学等领域，有力地推动了我校经济学、管理学和其他学科门类的发展，促进了我校科学研究事业的进一步繁荣发展。

　　山东财经大学是财政部、教育部和山东省人民政府共同建设的高校，2011年由原山东经济学院和原山东财政学院合并筹建，2012年正式揭牌成立。学校现有专任教师1730人，其中教授378人、副教授692人，具有博士学位的有1034人。入选国家级人才项目（工程）16人，全国五一劳动奖章获得者1人，入选"泰山学者"工程等省级人才项目（工程）67人，入选教育部教学指导委员会委员8人，全国优秀教师16人，省级教学名师20人。近年来，学校紧紧围绕建设全国一流财经特色名校的战略目标，以稳规模、优结构、提质量、强特色为主线，不断深化改革创新，整体学科实力跻身全国财经高校前列，经管类学科竞争力居省属高校首位。学校现拥有一级学科博士点4个，一级学科硕士点11个，硕士专业学位类别20个，博士后科研流动站1个。应用经济学、工商管理和管理科学与工程3个学科入选山东省高水平学科建设名单，其中，应用经济学为"高峰学科"建设学科。应用经济学进入软科"中国最好学科"排名前10%，工程学和计算机科学进入 ESI 全球排名前1%。2022年软科中国大学专业排名，A以上专业数18个，位居省属高校第2位，全国财经类高校第9位，是山东省唯一一所有专业全部上榜的高校。2023年软科世界大学学科排名，我校首次进入世界前1000名，位列910名，中国第175名，财经类高校第4名。

2016年以来，学校聚焦内涵式发展，全面实施了科研强校战略，取得了可喜成绩。仅以最近三年为例，学校承担省部级以上科研课题502项，其中国家社会科学基金重大项目3项、年度项目74项；获国家级、省部级科研奖励83项，1项成果入选《国家哲学社会科学成果文库》；被CSSCI、SCI、SSCI和EI等索引收录论文1449篇。同时，新增了山东省重点实验室、山东省重点新转智库、山东省社科理论重点研究基地、山东省协同创新中心、山东省工程技术研究中心、山东省两化融合促进中心等科研平台。学校的发展为教师从事科学研究提供了广阔的平台，创造了更加良好的学术生态。

"十四五"时期是我国由全面建成小康社会向基本实现社会主义现代化迈进的关键时期，也是我校合并建校以来第二个十年的跃升发展期。2022年党的二十大的胜利召开为学校高质量发展指明了新的方向，建校70周年暨合并建校10周年校庆也为学校内涵式发展注入了新的活力。作为"十四五"时期国家重点出版物出版专项规划项目，"转型时代的中国财经战略论丛"将继续坚持以马克思列宁主义、毛泽东思想、邓小平理论、"三个代表"重要思想、科学发展观、习近平新时代中国特色社会主义思想为指导，结合《中共中央关于制定国民经济和社会发展第十四个五年规划和二〇三五年远景目标的建议》以及党的二十大精神，将国家"十四五"时期重大财经战略作为重点选题，积极开展基础研究和应用研究。

"十四五"时期的"转型时代的中国财经战略论丛"将进一步体现鲜明的时代特征、问题导向和创新意识，着力推出反映我校学术前沿水平、体现相关领域高水准的创新性成果，更好地服务我校一流学科和高水平大学建设，展现我校财经特色名校工程建设成效。我们也希望通过向广大教师提供进一步的出版资助，鼓励我校广大教师潜心治学，扎实研究，在基础研究上密切跟踪国内外学术发展和学科建设的前沿与动态，着力推进中国特色哲学社科科学学科体系、学术体系和话语体系建设与创新；在应用研究上立足党和国家事业发展需要，聚焦经济社会发展中的全局性、战略性和前瞻性的重大理论与实践问题，力求提出一些具有现实性、针对性和较强参考价值的思路和对策。

山东财经大学党委书记　王邵军

2023 年 8 月 16 日

目　录

转型时代的中国财经战略论丛

第一章　绪　　论

大学生就业指导的目的是帮助学生了解职业、准备职业、选择职业、适应职业和转换职业。大学生的有效就业是一个渐进的过程，它是大学生多年准备和努力的结果。高年级的学生需要指导，入学新生更需要就业指导。我们现在提倡的大学生就业指导应该是一项全过程、全方位、扁平化、个性化的指导工作。只有早做准备，帮助学生在大学期间形成一个明确的职业生涯计划和就业目标，他们才不会在毕业时感到茫然，从而顺利找到适合自我发展的职业方向。这一点对于就业困难学生尤为重要，就业困难学生所占的比重近年来不断提高，其由于心理素质、家庭背景、就业理念等方面的不足，亟须就业指导提前介入、全方位提供帮助。因此，研究高校就业困难毕业生的就业指导问题具有重要的理论与实践意义。

就业是最基本的民生工程，是最重要的民心工程之一，就业稳则民心安、社会稳。从 1999 年高校扩招开始，我国高校应届毕业生规模逐年扩大。根据《教育部　人力资源和社会保障部部署做好 2023 届全国普通高校毕业生就业创业工作》，到 2023 年，我国高校毕业生达到 1158 万人，创下历史新高。做好高校毕业生的就业工作是稳就业的重中之重。

党中央、国务院高度重视就业工作，把促进青年特别是高校毕业生就业工作摆在突出位置。围绕促进高校毕业生等青年就业，习近平总书记发表了一系列重要论述，明确要求"把脱贫家庭、低保家庭、零就业家庭以及有残疾的、较长时间未就业的高校毕业生作为重点帮扶对象"①"高校毕业生要转变就业观念，只要有志向就会有事业，只要有

---

① 新华网．习近平在四川考察时强调　深入贯彻新发展理念主动融入新发展格局　在新的征程上奋力谱写四川发展新篇章 [EB/OL]．[2022 – 06 – 09]．http：//m. news. cn/2022 – 06/09/c_1128728015. htm.

本事就会有舞台"① "要提高经济增长的就业带动力，不断促进就业量的扩大和质的提升。要支持中小微企业发展，发挥其就业主渠道作用"② "要加强人才投入，优化人才政策，营造有利于创新创业的政策环境。"③ 这些重要论述和重要部署充分体现了习近平总书记对高校毕业生群体的高度关注，为扎实做好高校毕业生群体的就业工作提供了重要依据。

现阶段，面对高校毕业生数量的持续增长，我国高校毕业生就业结构性矛盾愈发突出。大量的高校毕业生步入社会，为社会经济的发展储备了大量人才资源，但如果人才资源不能合理有序地落实好发展出口，就会带来大量隐患，不利于社会的安定和可持续发展。做好高校毕业生就业工作是就业工作领域的"国之大者"，尽管任务繁重，社会各方面尤其是高校也要采取切实的措施，做实做细就业指导服务，促进高校毕业生高质量、充分就业。尤其对就业困难学生的帮助与支持，更关系着社会公平正义以及大学生整体就业质量。

第一节 就业指导理论与实践概述

就业指导起源于20世纪初的美国，随着社会生产力的发展，尤其是工业革命以来的工业化成果，社会发展进步加快，人们对于教育和就业的重视程度越来越高。在这样的背景下，就业指导理论研究逐步展开，并且将研究视角逐步延伸到经济学、教育学、心理学、社会学等相关学科领域。

我国的大学生就业指导理论起步较早，就业指导工作的实践经历了发展、停滞和再发展的过程。当前，在国内外相关理论的指导下，我国

---

① 中华人民共和国中央人民政府. 习近平在吉林考察：坚持新发展理念深入实施东北振兴战略 加快推动新时代吉林全面振兴全方位振兴［EB/OL］.［2020 - 07 - 24］. https：//www. gov. cn/xinwen/2020 - 07/24/content _5529791. htm? eqid = c5f357ea0004ead000000002646 32b5f.

② 习近平著作选读（第二卷）［M］. 北京：人民出版社，2023：575.

③ 习近平. 论把握新发展阶段、贯彻新发展理念、构建新发展格局［M］. 北京：中央文献出版社，2021：278.

就业指导理论和实践工作也在逐步完善中。

一、大学生就业指导的基本概念

（一）当代大学生就业特征

总体而言，大学生和其他群体在就业方面存在许多不同特点，主要体现在以下几个方面。

第一，大学生就业主体的文化素质较高。大学生就业主体接受过高等教育，素质较高，年龄相仿，具有相关专业背景，是普遍具有一定的思想文化素质的青年群体。

第二，大学生就业主体的社会经验较少。由于长期在校内读书学习，加上当前人才培养选拔机制因素影响，大学生普遍具有较为丰富的理论知识，但是在实践方面的阅历较少，一般不具备工作经验。

第三，大学生就业时间具有较强的周期性。大学生群体的就业时间每年集中在毕业季以及较为短暂的就业期内。尤其近几年，上千万的毕业生在相对集中的时间段内面临着就业压力。

（二）大学生就业指导的概念

大学生就业指导的内涵目前国内学者研究较多。总体而言，大学生就业指导是指高校利用现有的资源和经验为在校的高校大学生针对就业问题进行讲解和指导。《中国教育百科全书》一书中针对职业指导给予了相应定义，就业指导的概念可以与其类比，也就是用人单位或相关教育部门将不同性格、社会背景、社会经历的人妥善安置在他们能完全掌握并合适的工作岗位上。

就业指导的概念有狭义和广义之分：狭义的就业指导，是指就业指导者利用自己的信息和资源，帮助被指导者找到适合自己的工作；广义的就业指导，其内容包括预测就业市场，汇集、传递就业信息，开展就业政策咨询，推荐、介绍毕业生，组织招聘单位开展招聘相关活动，培养毕业生的职业技能，指导大学生规划职业生涯等。

二、大学生就业指导的主要内容和作用

（一）就业指导的内容

1. 就业思想引导

我们细心观察就会发现，人们的观念会影响自身外在表现，自身外在表现在日积月累下会培养成习惯，习惯会塑造一个人的性格，而性格会影响这个人的命运。具体到亟待就业的高校学生身上，他们对就业的认知和对待就业的态度则会影响日常的学习行为、学习内容和学习习惯，不好的学习习惯会造成学生惰怠、消极的状态，进而影响这个学生一生的个人发展。就业思想引导贯彻高校毕业生就业指导的全过程中，有利于帮助学生保持良好心态，引导学生积极进取。通过就业思想引导，学生能够树立正确的就业观，深刻剖析认知自我，了解社会的发展大势，深入理解个人、社会、国家的关系，对自己的职业发展逐步建立清晰的规划，避免消极的"慢就业""不就业"现象，将自我价值的实现和社会发展的需要结合起来，帮助高校毕业生树立大局意识、责任意识和艰苦奋斗的精神。

2. 就业形势指导

就业形势指导是指帮助大学生及时了解国家社会经济发展状况以及对人才需求的形势，从而使学生能够结合自身所学了解目标行业、专业的现状和改革发展趋势，对行业发展潜力、机遇有较为深入的把握，更好地进行职业选择和发展定位，掌握求职就业的主动权。有利于帮助大学生扬长避短，深入分析掌握就业市场的整体状况、热门职位和行业、新赛道新机遇、新兴产业发展状况、就业薪资条件等内容，帮助大学生做好职业规划。

3. 就业政策指导

高校毕业生就业创业必然要以国家就业政策为行为依据。这些就业创业政策包括普惠政策指导（如职业培训补贴、职业技能鉴定补贴、就业实习补贴、创业补贴等）、专项政策（如求职创业补贴、"三支一扶"计划、高校毕业生参军入伍的相关鼓励政策等），以及其他政策。因此，在进行就业指导时，必须要广泛普及并解释我国当下的就业政策、创业

政策，通过厘清毕业生对就业、创业概念的认知，使其把握好当下劳动力市场现状，帮助他们确定自己的就业方向，厘清就业思路，突出自我就业优势，维护自身在求职就业中的合法权益。

4. 就业信息指导

高校毕业生单凭自己的微薄之力是很难一下子掌握散落在全媒体平台中的就业信息的，因此需要在就业指导中集中力量搜集就业信息，并对信息进行筛选、分类、加工、甄别，努力做到精准推送，按照"精准有效、及时可靠"的原则，匹配推送给学生。目前，就业信息的获取渠道已经越来越多，对于毕业生而言，能够提供有效性强、针对性强、准确性高、匹配度高的就业信息才是关键。

5. 就业技巧指导

就业技巧指导就是要对大学生就业的策略、方法、手段、技巧等具体操作环节进行帮助指导，以提升大学生综合就业能力。包括自我认知能力、信息收集能力、信息处理能力、自荐方法、面试技巧、沟通能力、职业适应能力等方面的内容。正确的方法和技巧是成功的重要因素，在就业求职的双向选择中，帮助学生掌握和运用求职技巧方法是提高求职成功率的重要保障。

6. 就业心理指导

高校大学生的心理健康问题日益突出，尤其是在应届毕业生中，很多人出现心态焦躁、对未来恐惧、情绪低落等不良心理状况。比较典型也是高频出现的是在求职屡屡碰壁后产生了自卑感、自我怀疑等不良心理现象，这就导致了很多毕业生产生消极心理，进而引发了"慢就业"和"不就业"的社会现象。就业心理辅导就是运用心理学等学科的原理和方法，针对毕业生在就业过程中的心理特征和心理问题，为毕业生提供及时的帮助和有针对性的心理疏导。网络的全民化打开了不同阶级之间的壁垒，许多高校毕业生在虚拟的世界中看惯了唾手可得的奢侈生活，在面对现实生活的个人就业时往往会产生一些不切实际的幻想，就业心理指导就是要将这些大学生从幻想中拉出来，让他们清醒地面对现实的就业环境，中肯地评价自己来确定一个符合自身能力的求职意愿，合理地疏导自己面对求职失败以及心理落差而产生的消极情绪。

7. 身份转变的引导

大学生所有的人生历程中几乎没有离开过学校这个温床，他们面对

5

求职或走上新的工作岗位是他们第一次完全地进入社会，社会环境对他们来讲新奇又复杂，因此需要给大学生一个适应的过程。就业指导要解决的就是在这个过程中大学生因学生到职工的角色转变、经历社会化和再社会化而产生的恐慌与焦虑的情绪。就业指导会引导初出茅庐的大学生如何"从学校走向社会"，如何快速适应新环境与新角色，如何调整自己不稳定的心理状态，帮助大学生重树自信心，使其更具有社会责任感，从而在工作中实现自己的社会价值。

8. 自主创业指导

指导大学生如何创业非常重要，大学生是一个特殊的群体，他们朝气蓬勃、斗志昂扬，是创业市场的主力军、潜力股。创业指导就是通过对高校大学生进行创新创业教育，帮助他们进行市场分析和调研，准确地掌握和利用有效信息，帮助大学生梳理并引导他们认真学习和领会国家现阶段的有关政策，找准创业目标，把握创业风口，避免走弯路。在此基础上，让学生充分认识自身创业的主观和客观条件，扬长避短，寻找适合自己成长的发展空间。

（二）就业指导的作用

就业指导有利于帮助高校学生认识到正确的就业观念和确定贴合实际的就业预期，提高职业素质，增强就业能力，找准适合自身特长和社会职业需求的职业定位，进一步明确和坚定有利于实现个人才能和个人理想并且能为社会做贡献的职业。

1. 培养大学生正确的就业观念

要使学生树立正确的就业观念，就需要引导他们了解当前国内真实的就业形势，深入分析就业市场现状，结合自身专业特点，认识自我优势，并最大限度地发挥出来。同时，结合学生的性格、爱好和特长，帮助学生做好职业规划，避免人云亦云、随波逐流，努力寻找适合自己的职业道路。

2. 引导大学生正确认识个人发展和奉献社会的关系

不断引导越来越多的广大青年学生开始理性地思考，将自己的职业发展和为社会服务结合起来，积极寻找适合自己生根、发芽、开花、结果的土壤，到西部去、到基层去、到祖国最需要的地方去。

3. 指导和帮助学生完成学业

按照国家教育方针、教育培养目标和教育培养规格的要求，指导和帮助学生完成其学业课程。除此之外，宽领域、多途径地引导学生从理论与实践相结合的角度，广泛参加单位实习、社会实践等，开阔视野、提高能力，为求职做好思想、能力和心理上的准备，为日后职业生涯制定好规划和目标，实现全面发展。

4. 帮助毕业生提高求职和就业能力

帮助学生正确认识当前求职市场的供求形势和有关大学生就业的制度和政策。引导学生根据社会需求合理地制定就业预期、调节就业心态，培养正确的就业观念和树立正确的就业方向，了解毕业生就业程序，掌握一定的就业技能，确保其顺利就业。同时，应实施相应的专业知识教育、道德教育和素质教育，使学生了解当前我国的就业趋势，掌握就业所必需的素质和技能，特别是自主创业所需的素质和技能，使有潜质的学生在毕业后能集中精力做好就业工作。

5. 指导毕业生顺利就业

一个人的发展和成才在相当大的程度上取决于他的职业。找工作是高校大学生走出校门的第一步，面对社会上形形色色且鱼龙混杂的招聘会和用人单位，这就要求应届毕业生具备明辨是非、谨慎思考以做出正确就业选择的能力。由于应届毕业生刚刚结束学生生活，自身社会经验不足，因此在职业抉择时经常感到迷茫而且无从下手。大学生就业指导是辅助大学生择业的工具，它通过为毕业生提供有关职业行情、应聘规则与就业状态等信息，使其了解求职时应遵循的步骤及规则，从而为毕业生顺利就业创造条件。同时，指导毕业生掌握作为一个职业人应当具备的职业态度和职业技能，尽快适应职业发展。

三、就业指导的历史沿革

就业指导作为一种专门的社会服务工作和研究的课题，最早起源于美国。早在 1894 年，美国加州工艺学校就开展了就业指导相关的工作。此后，随着社会经济的发展，欧美发达国家更加重视大学生的就业指导工作，大学生就业指导在其生涯规划上体现了系统化、全程化、学术化的特点。

（一）西方国家就业指导的发展轨迹

就业指导首先在美国发源，出现时间非常早，可以追溯到 100 多年前，主要受西方国家的经济社会发展、技术变革、职业分化和失业治理的影响。当时西方国家新技术的广泛应用，不仅创造了许多新职业，拓宽了人们的职业选择，也为就业指导创造了客观的物质基础和社会条件。而使就业指导以一个成熟的理论出现在社会中的是伴随工业革命而来的职业高度分化和失业人数的急剧增加这两个直接原因。因此，职业指导与职业分工相伴而生，其内涵也随着职业结构的变化以及职业多样化和专业化的发展而不断丰富。

1. 就业指导理论的提出

美国是世界上开展就业指导工作最早的国家之一，就业指导理论也发源于此，该理论在美国发展出多个派系，最为基础、应用最广、最具代表性的就是美国帕森斯的特质因素理论。1901 年，美国波士顿成立了民众服务中心，由弗兰克·帕森斯担任领导。1909 年，弗兰克·帕森斯等人出版了职业指导专著《职业的选择》，首先使用"就业指导"的概念，研究论证了特质因素理论的相关内容。该理论提出，选择职业是人的生理、心理特点（特质）与职业对人的要求（因素）相互匹配的命题。这一理论主要帮助个体认识自我、认识职业，强调以职业匹配为重点的职业指导模式。

2. 就业指导理论的发展阶段

从 20 世纪 20 年代起，以美国为中心的就业指导运动开始在世界各国兴起。1917 年，波士顿地方职业教育办公室与哈佛教育研究生院合并，更名为哈佛大学教育学院就业指导局。此后，就业指导工作在美国大学中迅速发展了起来。第一次世界大战后，伴随着心理学、社会学等相关社会学科的逐渐发展，就业指导也逐渐丰富了其理论内涵和应用。随着社会的快速变革，世界上越来越多的国家开始关注就业指导，在英国、德国、日本、加拿大和俄国等国家，就业指导开始全面发展起来，逐渐从社会走向学校，也逐步发展为更具科学化、制度化和规范化的就业指导理论。

20 世纪 50 年代以前，美国高校的就业指导还不像现在这样，只是"就业安置"的代名词，它其实更类似于对普通社会成员的就业指导，不具有针对性和专业性。到了 20 世纪 60 年代初，以金兹伯格和萨帕为代表的发展心理学派发展了帕森斯的理论。虽然理论基础没有改变，但理论发展的侧重点转向研究人的职业行为、职业发展阶段、职业适应和职业发展任务。随着不断更新、发展的就业指导理论，高校的就业指导工作变得不再是临时针对高校毕业生的专属课程，而是融入了整个高校教育过程，注重引导学生职业能力的发展。

随着职业指导实践的不断发展，人们逐渐意识到，职业指导的定义往往是模棱两可的，很容易被理解为帮助学生选择"好职业"和"好工作"的指导。其实不然，"生计指导"或"生计辅导"这两个词或许更能准确地表达职业指导的工作内涵。1985 年，美国的全国职业指导学会更名为"生计"指导学会。其他国家的就业指导在很大程度上受到美国的影响，但也结合本国特色，在其中有所创新。例如，1958 年，日本文部省发布指令，规定学校的职业指导应统一使用"出路指导"或"出路教育"一词。苏联在开展辅导活动之初，创造性地借鉴了美国的经验，用"职业定向教育"一词来表述对学生的职业导向教育，其教育主管部门也多次指示要将职业教育纳入教育和培训计划。中国香港、澳门和台湾地区通常称之为生涯指导，不同的辅导活动在不同的年级和班级同时进行。综上所述可以看出，国外职业指导的性质可以从它的名称和功能得以体现。

3. 成熟、完善和国际化阶段

自 20 世纪 70 年代开始，经过西方国家社会经济的不断发展，西方国家的大学逐渐实现了精英教育向大众教育的转变，高等教育的普及带动了毕业生人数的增长以及社会中具备高等学历人口总数的增长，随之便出现了大学生"就业难"问题。在这种新的社会环境下，高校就业指导地位愈发重要。为了解决大学生的"就业难"问题，西方国家选择在国家宏观政策和高校就业指导两个层面促进大学生就业，形成了一套行之有效的就业指导模式，积累了诸多经验和做法，对促进高校大学生顺利就业起到了重要作用。

当前，欧美主要发达国家的大学生就业一般实行自由就业的就业制度，通过市场进行调节。大学生就业指导人员的专业化程度非常高，职业规划师和职业心理咨询师众多，实现了就业指导人员的专业化。

例如，美国的就业指导已经由过去的以常识、经验为主，转变为以注重理论、研究、调查相结合的专业指导模式，工作内容丰富细致，注重就业指导的质量和实际效果，将就业指导纳入高等教育系统的组成部分，为不同发展阶段的学生提供不同方面的指导内容，在实际工作中普遍注重使用职业测试工具。

英国的大学生就业指导任务主要由学校承担，就业指导的民间组织发挥积极的辅助作用。英国大学将职业指导融入大学课程设计，实行专业课授课制度，由专业的教师负责。

德国的高校非常重视向学生提供学前的职业生涯咨询服务，将学生的个人特点与专业相结合，将专业学习与职业生涯相结合，注重对学生的专业训练，引导学生树立积极的进取心态；同时，强调学生自我负责，不断提升就业能力。

（二）我国大学生就业制度与就业指导的历史演变

我国高校就业指导教育由来已久，随着就业制度的变更而不断演变，在不同时期具有不同的内容和形式，尤其是改革开放以后，就业指导工作获得了长足发展。

1. 大学生就业指导的重新启动

大学生就业指导工作的真正开始是在 20 世纪 80 年代，如表 1-1 所示。中国职业教育社首先开始关注职业指导工作，并组织召开专门会议来讨论和推动职业指导工作。

表 1-1　　　　　　　　　大学生就业指导重启的时间线

时间	内容
1982 年	国家积极而稳妥地实行毕业生就业制度改革
1983 年	在部分高校实行了国家计划内的供需见面活动
1985 年	国家批准上海交通大学等院校在毕业生分配工作中试行在国家方针指导下，学生选报志愿，然后学校推荐，用人单位择优录用的办法
1986 年	一些高校开始实行"切块计划，供需见面"的毕业生就业制度。同年，深圳大学率先成立了就业指导中心，帮助大学毕业生找工作和辅导就业

2. 大学生就业指导的全面展开

20 世纪 80 年代中后期，随着我国经济体制改革的深入，社会主义商品经济的发展，劳动制度和人事制度的改革成为顺理成章的需要。因此，必须要开展高等学校毕业生分配制度的改革。

1989 年，国务院批准了国家教委《关于改革高等学校毕业生分配制度的报告》及《高等学校毕业生分配制度改革方案》，这成为大学生就业指导发展的里程碑。

进入20世纪90年代后，随着我国改革开放事业全面推进，计划经济体制向社会主义市场经济体制转变的力度加强，教育管理体制改革也得以深化。高校毕业生分配方式扩大了学校与用人单位之间的相互接触，但仍以计划分配为主，只在一定范围内实行双向选择，被称为国家任务计划和调节性计划并存的双轨制。

20世纪90年代初期，原国家教委成立了全国高校毕业生就业指导中心并对各地区和各高校提出了逐步建立的要求。

1993年2月，我国颁发了《中国教育改革和发展纲要》，指出"大部分毕业生实行在国家方针政策指导下，通过人才劳务市场，采取'自主择业'的就业办法"，这从根本上确立了我国高校毕业生就业机制要从计划配置转向市场配置，从此彻底打破了我国大学生上大学由国家统包统分的制度。

1994年起，全国高校毕业生就业指导中心和各省份开始举办毕业生就业指导人员和任课教师培训。

1995年，全国高校毕业生就业指导中心编写并出版了《大学生就业指导》教材，在全国高校中试用。各高校就业指导中心的功能也开始从以管理为主转向以指导服务为主。

1997年，全国一千余所普通高校启动"缴费上学、自主就业"的机制，标志着新中国成立40多年来双包体制的结束和双自体制的建立。

1997年，原国家教委提出逐步建立以学校为基础的毕业生就业市场，各省份都积极行动，召开了多种形式的专场招聘会，取得良好效果。同年，全国高校毕业生就业指导中心制定了《大学生就业指导教学大纲》。各省份主管部门和高校也积极开展就业指导工作，取得了明显的成效。

3. 大学生就业指导工作的新发展

进入21世纪，随着国内高校的扩招，高校日益显现出来的紧迫就业形势给国家和社会都带来了巨大的压力。开展就业指导，加强人生规划，已成为工作重点和策略依托。为了提高就业指导工作的效率和效果，国家积极组织和投入人力物力开展学生就业指导工作的研究。2007年，国家出台了一套全面、系统、科学的大学生就业指导课程实施方案——《大学生职业发展与就业指导课程教学要求》。

近年来，我国继续推进总体经济体制改革和教育体制改革，进一步发展"自主就业"的就业制度，加快就业制度改革进程，同时加入政府调控，更充分地发挥劳动力市场配置的核心作用。在政策领域，主要目标是继续促进高校毕业生在基层和非公有制就业，落实对企业吸纳高校毕业生就业的补贴政策；组织实施国家级和省市级"大学生志愿服务西部计划""三支一扶""农村义务教育阶段学校教师特设岗位计划""到农村从教上岗退费"等项目，在实施过程中逐步对这些计划的实施情况进行重点调查研究，反馈对计划的满意度、实际效果和改进措施。

广泛开展创新创业教育和指导工作，2010 年教育部发布《关于大力推进高等学校创新创业教育和大学生自主创业工作的意见》，要求各地大力推进创新创业教育，落实和完善大学生自主创业扶持政策，强化创业指导和服务，不断推动创新创业教育和大学生自主创业工作。

互联网、大数据、人工智能等新一代信息技术的进步，极大地推动了数字经济、平台经济、共享经济等新业态经济的发展，2020 年国务院办公厅发布《关于支持多渠道灵活就业的意见》，要求因地制宜、因城施策，清理取消对灵活就业的不合理限制，强化政策服务供给，创造更多灵活就业机会，激发劳动者创业活力和创新潜能，鼓励自谋职业、自主创业。

教育部印发《关于做好 2021 届全国普通高校毕业生就业创业工作的通知》要求，进一步完善高校毕业生就业支持体系，全力促进高校毕业生更高质量就业，加快构建以国内大循环为主体、国内国际双循环相互促进的新发展格局。

党的二十大报告提出："强化就业优先政策，健全就业促进机制，促进高质量充分就业。"促进高校毕业生就业是一项固本工程、民生工程、民心工程。高校毕业生就业正得到社会各方的持续高度关注。

第二节　就业困难毕业生的类型与特征

一、就业困难毕业生的类型

大学生就业是政府、学界和全社会高度关注的热点问题，也是国家

"稳就业"的重中之重。高校毕业生能否顺利实现就业，不仅关系到每个接受高等学历教育的大学生能否实现自己的社会价值，也关乎大学生背后千千万万个家庭的和谐幸福，更关乎整个国家和社会的良好、平稳运行。

近年来，随着高校毕业生人数持续攀升、就业压力进一步加大，大学生就业困难程度明显增加，出现了"慢就业""缓就业""晚就业""不就业"等现象，这些现象可能引发的"啃老族""躺平族"等消极就业群体更需引起重视。

高校就业困难毕业生群体是大学生就业工作的重要研究对象和亟待攻克的困难问题。党中央高度重视高校毕业生顺利就业，采取一系列政策措施予以保障。教育部、人社部等相关部门专门出台了多个针对就业困难高校毕业生的就业帮扶政策。了解这部分群体的基本情况，深入了解并分析该群体出现的原因、就业状况、就业心态、就业困境等问题，具有重要的意义，对于更有效地制定就业支持政策也具有重要参考价值。

就业难问题由来已久，就业困难毕业生更是全社会关注的重点群体。本书所指就业困难毕业生主要包括因社会现状、经济发展、家庭状况、专业实际、身心状态、个人素质等主客观原因导致的求职失利或就业失败的高校毕业生。

就业困难毕业生主要包含以下 4 种类型。

（一）经济困难型

经济困难毕业生，主要包括建档立卡家庭学生、低保家庭学生、孤儿、零就业家庭学生、优抚对象等。经济困难毕业生的家庭资本相对不足，在条件较差的就业环境中受教长大的学生往往综合能力欠佳，甚至一些学生还会因自己家庭的贫困状况在求职中产生自卑心态，这就导致其就业问题显得更为严峻，某种程度上他们的就业能力难以满足劳动力市场的需求，有业不就、就业方向不明等现象也广泛存在。甚至部分经济困难型毕业生为减少求职成本宁愿放弃岗位福利待遇诱人但投入较大的就业机会，而倾向于选择就业稳妥但无法完全实现自身价值的岗位，这在一定程度上降低了该类学生的就业质量和就业层次。

（二）身心障碍型

该类毕业生主要是指身体残疾、形象欠佳、身患疾病、心理素质低下，严重的甚至有心理健康方面的疾病的学生。在高校毕业生供需总量失衡、结构性矛盾加剧的情况下，患有身心障碍的毕业生在就业中不仅面临更加严峻的外部考验，有些还存在就业招聘歧视，受到不公正的对待，或者是因为自己的条件无法完全胜任，缺乏求职竞争力，导致求职碰壁。同时，这部分学生也更容易产生自卑、气馁、自暴自弃、抑郁等不良心理。

（三）能力不足型

高校毕业生求职的关键在能力。现阶段，部分高校毕业生在理论知识掌握、专业技能训练、综合能力培养等方面与职业期待存在较大差距，用人单位招聘时非常看重毕业生的学习能力、实践经历等，个别学业困难学生因为在校期间学业成绩不过关，无法顺利毕业并拿到学位证书，有些专业的学生因无法取得英语等级证书、专业资格从业证书而面临被单位拒收的风险，比如法学专业的学生要等通过法律职业资格考试后，才能获得从事法律行业的资格。

（四）认知偏差型

该类学生又被称为"有业不就"型，也是"慢就业""不就业"型，这些毕业生在毕业季以游学、反复备考、等待观望等各种形式逃避及时就业。他们中的部分人宁愿花费大量的时间和精力投入追求高学历的备考中，或者是追求稳定的考公考编，也不考虑身边待遇等各方面适合自己的就业岗位。可以说这部分学生没有充分考虑自身经济、年龄、职业前景等实际条件，在反复寻找中迷失了职业方向。

他们在不合理就业观念的引导下，更加看重岗位的稳定性、待遇的丰厚性、单位的影响性，甚至会为了理想的职业而频繁调整工作岗位或主动选择不就业。

二、就业困境产生的原因

社会生态系统理论在分析和理解人类行为方面发挥着重要作用，它将人们所处的社会环境视为一个社会生态系统，并且从社会生态系统的角度看，高校毕业生产生就业困境的原因分为外部因素和内部因素，因此本书从社会就业形势、网络影响、家庭经济环境、高校教育安排和学生个人情况等方面分析就业困难毕业生就业困难的原因。

（一）社会就业形势

就业是最大的民生，大学生就业问题事关人才强国战略和就业优先战略的实施，就业育人又是高校落实立德树人根本任务的重要体现。根据目前我国城市的就业形势，由于高校的持续连年扩招，高校每年有大量应届毕业生面临就业。根据《教育部 人力资源和社会保障部部署做好2023届全国普通高校毕业生就业创业工作》，2023年应届毕业生达到1158万人，比上年增长82万人，大学毕业生的数量庞大，而就业岗位，尤其是高质量就业岗位有限，这就造成了就业的紧张形势。同时，城市下岗失业人员、农村剩余劳动力也不断涌入就业市场，从而导致就业市场的竞争愈演愈烈。面对当前的紧张就业形势，国家全力组织开展高校毕业生就业创业的各项落实行动，加快推进就业工作进程，指导高校有针对性地开展访企拓岗等行动，着力提升就业群体和招聘岗位的人岗匹配度，广泛宣传就业政策，广泛组织开展就业实习见习，做好就业指导工作，通过强化对困难家庭毕业生的就业援助来助力毕业生就业。但在政策落地落细过程中依然存在认识不深入、宣传不充分、执行不到位、重点不突出等问题，未能做到科学分类、针对性推送指导；同时，经济发展转型进一步加剧了就业难的大趋势。

（二）网络影响

作为从小就在互联网空间中成长起来的"95后""00后"这一代人，他们在面临就业时所展现出来的观念和意识，很大程度上受到了互联网信息的影响。近些年，随着自媒体发展，网络短视频的热度不减。在新一代信息技术推动下，数字经济的蓬勃发展，不仅深刻改变着人们的工作条件、工作方式，催生出许多新兴就业形态，也不断影响着青年群体面对就业的观念。对于高校毕业生而言，抖音、哔哩哔哩、微博、小红书等平台也日渐成为他们获取信息的重要载体，但是网络上的很多短视频和文字由于缺乏深度的分析，或者是有些网红为了带节奏引流，导致了信息的不全面、不准确，这些对毕业生树立正确的就业观念带来了不利的影响。例如，有些网络短视频引导应届毕业生一味追求高收入、高福利、稳定、体面、轻松的工作，影响着毕业生对自身能力、专业、求职地域、职业现状的准确判断，相较于"有业可就"，不合理的就业期望导致"待业族""毕剩客"等群体不断扩大。

（三）家庭经济环境

家庭往往将子女的高等教育视为一种投资，这对贫困家庭来说更为重要。从自身综合能力上来讲，家庭经济困难的毕业生受资本代际传递的影响，从小缺乏良好的教育机会，一直在较为传统的教育模式的影响下学习，因此在大学期间，比起社团活动、实践实习，他们会更注重学习专业知识，与一些经济条件较好的学生相比，在人际沟通、社会交往、组织领导等综合社会实践能力上就会稍有欠缺，求职就业的思维和视野相对狭窄。家庭经济困难毕业生离开学校后倾向于尽快为家庭承担一定的经济责任，因而倾向于寻求相对高薪的职业，对长期的职业发展需求关注较少，所以许多家庭经济困难的毕业生都存在着就业观念陈旧的问题，错失了许多处于时代潮头中的新兴就业机会。从毕业后的发展来看，家庭经济困难的学生普遍都迅速采取行动，试图改变自己和家庭的经济状况，包括偿还学生贷款。因此，他们在找工作时更注重地域和薪水，希望进入大城市、大公司和大机构。这种对工作不切实际的过高期望在一定程度上限制了他们的求职选择，即使专业素质过硬进入了自己理想的单位，在大城市、大公司近年来极度内卷的情况下，家庭经济困难毕业生的失业风险也在不断攀升。

有的家庭经济困难的毕业生存在社会实践能力和求职能力低于非经济困难学生的现象。在战线被拉得越来越长的高校毕业生求职过程中，毕业生往往需要面对不菲的求职成本。小到打印求职简历、参加面试往返的交通费用，大到购置应试服装等，还有实习期间的食宿等费用，都可能会对家庭经济困难的高校毕业生造成很大压力。如此一来，他们只能被迫缩减求职选择数量，进而也降低了求职成功率和效率。

从求职过程方面看，与经济条件较好的学生相比，一些来自经济弱势背景的毕业生的社会工作实践和求职技能水平较低。尤其是在目前社会中，毕业生的求职过程的战线越来越长，这也就增加了巨大的求职成本。

社会资本理论认为，家庭积累的人际关系资本对子女的求职和就业有重要影响，甚至在一定程度上成为市场机制的替代品，能有效降低毕业生求职和查询就业信息的时间成本和经济成本。社会资源丰富的家庭往往会利用信息优势直接帮助子女就业，一般来说，家庭经济困难毕业生在职业培训、兴趣培养、专业发展、职业咨询和求职帮助等家庭人力资本方面的投资较少，再加上社会资本少，且利用起来有困难，因而其在特定范围内的就业机会就会被抹杀。另外，由于大多数弱势学生缺乏家庭经济支持和一定的人脉关系，他们通常缺乏创业基础，也无法通过家庭环境中建立的人际关系进入企事业单位，因此不得不放弃一些求职选择，因为这些工作需要投入大量的财力和时间，客观上降低了求职的成功率。

父母是孩子的第一任老师，因此他们的家庭教育和就业观念不断塑造着孩子的就业价值观。父母受教育程度越高，其就业价值观就越稳定，对子女的职业教育就越能给予帮助和指导，对子女未来的职业选择也就越有正向的影响力。相比之下，社会资本不足和经济资源有限的家庭在子女的陪伴、培养、教育等方面投入较少，更无法在子女求职和就业的关键时刻给予强有力的指导。

（四）高校教育安排

高校作为人才培养的重要阵地，是落实毕业生就业指导工作、确保毕业生进入劳动力市场、顺利就业的重要保障。我国高等教育供给侧改革的核心是人才培养体制改革，高等教育的全面发展不仅在于增加和扩大培养数量和规模，更在于树立新时代的教育理念和相应的科学人才培养方案。然而，按照目前以需求为导向的就业评价机制，高校的专业结构设计就会以市场需求为导向，这样既忽视了学校自身的办学特色和办学能力，又未能对人才培养进行预见和创新，未能将招生、培养和就业有效衔接，阻碍了毕业生的求职和就业。专业知识授课以传授一级知识、提升一级技能为主，而对培养二级技能、拓展实践等环节设计不足。知识结构以学科知识体系的逻辑结构为导向，学生知识面窄、通识教育不足的问题依然存在，与当前供给侧结构性改革阶段对应用型、复合型技能需求旺盛的形势不相适应，使教育体系结构进一步复杂化，加

17

剧了就业工作中供给和需求的根本性矛盾。

高校就业指导服务体系的不健全，客观上影响了高校就业困难群体的就业能力。在就业指导内容上，高校就业指导服务主要通过经济资助、政策宣传、就业指导等直接内容援助就业困难群体，而通过就业心理辅导、就业能力建设、就业观念管理等方式进行间接援助的模块却不足。

从指导帮扶能力上看，高校就业指导帮扶以就业指导处部门和辅导员为主，教务、财务、团委等职能部门以及专业教师、优秀毕业生、企业就业指导中心专家等优质资源尚未有效整合。在指导帮扶形式上，高校就业指导帮扶主要以就业指导课、就业讲座、就业宣讲会等表面形式为主，不足以发现个体需求，应制定有针对性的指导帮扶方案。

（五）学生个人情况

个人就业态度、就业观念、就业能力、就业心理等因素直接影响着就业困难毕业生的就业状况。随着我国经济社会的转型发展和供给侧结构性改革的深化，就业市场供需结构性缺口有所扩大，但部分就业困难毕业生仍存在内生动力不足、就业愿望缺失和"等要靠"思想严重的问题。部分就业困难毕业生的就业观念依然停留在精英化教育阶段，在劳动力市场融入过程中定位过高，对职业生涯期望值过高。他们更多关注公务员、事业单位等"铁饭碗"，而对新的就业形式、自主创业、自由职业等关注较少并缺乏系统的了解。

就业能力不足主要指大学生的学习能力差、专业知识欠缺、实践操作能力弱，理论知识储备和素养无法达到用人单位的需求。在日常的大学学习生活中，部分就业困难毕业生还存在理论学习不深入、实践技能不达标、通用能力不扎实等问题，甚至个别学生因为学业不达标而无法顺利毕业，更何谈顺利就业。部分专业需要学生取得相应的任职资格才能开展从业。例如，有的学生沉迷于游戏、追星追剧，有的沉浸在网络短视频里，荒废了时光，没有实际考取相应的职业资格证书，导致无法顺利就业。用人单位在筛选应届毕业生时，看重的是专业知识和实践能力。因此，学习成绩差、参与社会工作少、培养和提高自身综合素质不够积极主动的学生，在毕业找工作时自然会成为弱势群体。一方面，用人单位不信任他们的专业工作技能和职业能力，如果学习成绩绩点不高或者有挂科现象，很容易在第一时间将他们淘汰；另一方面，他们缺乏专业知识或实践能力不足，即使被录用，也难以满足专业工作的需要，可能导致录用后被辞退。

此外，就业困难群体中存在一部分身体残疾或存在心理问题的学生。身体残疾的学生在工作中会受到身体上的影响，选择的机会较少，在求职面试中容易受到歧视。存在心理问题的学生往往性格内向甚至孤僻，与人交往沟通困难。面对就业问题，他们往往缺乏自信，不愿与人竞争，甚至不会主动积极地去搜集有关工作、求职、实习等相关信息。在面试官面前，他们更难有令人满意的表现。由于无法与用人单位和面试官进行有效沟通，此类学生屡屡错失就业机会。因此，有一定心理障碍的学生在求职和融入社会方面临着巨大的挑战。

现实中，就业困难毕业生所面临的问题往往都不是单一存在的，他们常常可能同时受经济、心理、观念、技能等问题的多重困扰。例如，一些家庭经济困难学生长期生活在经济不理想的环境中，相对于家庭经济条件较为优越的学生，他们更容易出现自卑等个人心理问题，个人的就业观念、综合能力等方面也存在着一定的差距。

第二章 就业形势与困境分析

第一节 当前高校毕业生就业形势

一、2023 年高校毕业生相关数据

高校毕业生就业不仅为国家和社会的发展提供经济支持和人力资源供给，更是衡量一个国家经济运行和发展情况的重要指标，也是关系到千家万户切身利益的大事。每年都有大量高校毕业生涌入人力资源市场，面临着及时就业与高质量就业的双重选择，引起了社会各方面人士的广泛关注。教育部相关数据显示，2023 年全国高校毕业生人数达到 1158 万人，比 2022 年增加 82 万人，毕业生人数再创历史新高[①]。随着高校毕业生人数的快速增长，及其所带来的毕业生就业难的问题，需要社会各界及时关注并采取相应行动。在北京召开的 2023 年全国教育工作会议强调，要全力做好普通高校毕业生就业和其他艰苦危险岗位就业工作，确保 2023 年毕业生就业总体稳定（王全亮等，2023）。中共中央政治局常委、国务院总理李强也作出重要批示，指出就业是民生之本，解决就业问题根本要靠经济发展，要重视高校毕业生等重点群体就业[②]。

---

① 中华人民共和国教育部 . 2023 届高校毕业生预计达 1158 万人［EB/OL］. ［2022 - 11 - 18］. http://www. moe. gov. cn/jyb_xwfb/s5147/202211/t20221118_995344. html.

② 澎湃新闻 . 李强：就业是民生之本，解决就业问题根本上要靠发展经济［EB/OL］. ［2023 - 03 - 13］. https://www. cqcb. com/topics/yaowen/.

二、高校毕业生就业形势分析

（一）高校毕业生数量大幅增加

自 1999 年开始，各大高等学校逐渐开始大规模扩招，到 2002 年，我国高等学校毛入学率达到 15%，标志着高等教育已经从非大众化阶段进入相对普及阶段①。到 2019 年，我国高等学校毛入学率上升到 51.6%，实现了前所未有的跨越②。高等教育从非大众化阶段进入相对普及化阶段，意味着越来越多的年轻人有机会接受高等教育，而由此带来的毕业生逐年增加，也给社会和人力资源市场带来了新的更大的挑战（杨勇，2023）。2020 年全球范围内新冠疫情暴发，使原本严峻的就业形势更加雪上加霜。2022 年，全国高校毕业生人数达到 1076 万，比上年增加 167 万；2023 年，毕业生人数达到 1158 万，比上年增加 82 万；总人数达到历史最高水平。当前，就业形势已经日益严峻，就业结构性错位也更加明显。造成结构性错位的原因，一方面是毕业生就业模式发生了重大变化；另一方面是高等院校的人才梯队与社会需求不匹配。

（二）就业难和招聘难并存

经济和社会的发展在一定程度上增加了高校毕业生求职就业的现实压力。目前，高校毕业生就业出现了许多新问题、新挑战，高校毕业生求职就业的结构性矛盾日益凸显，已成为就业的主要矛盾，主要表现为"就业难"与"难就业"并存的现象。一方面，新冠疫情期间就业岗位数量有限；另一方面，经济下行等多种因素的影响使得一些民营用人单位的生存与发展面临着严峻的挑战，有的甚至面临破产的风险。这些民营用人单位既要有能力为员工及时、足额发放工资，又要维持日常的运营，有的民营用人单位此时又很难解决资金周转的问题，为了节省开

21

---

① 中华人民共和国教育部．建设教育强国，服务发展新格局［EB/OL］．（2020－11－05）［2024－5－20］．http：//www. moe. gov. cn/jyb_xwfb/xw_zt/moe_357/jyzt_2020n/2020_zt25/zhuanjia/202011/t20201127_502050. html.

② 中华人民共和国教育部．我国已建成世界规模最大的高等教育体系［EB/OL］．（2020－12－04）［2024－5－20］．http：//www. moe. gov. cn/fbh/live/2020/52717/mtbd/202012/t20201204_503512. html.

支，民营用人单位大规模缩减招聘人员数量，最终导致招聘人数空前减少。另外，毕业生中存在"不就业""慢就业"现象，找一份工作并不难，而找到一份满意的工作却不容易。其实，这就是要求我们辩证地看待就业结构性矛盾，就业形势严峻更多地存在于对高质量就业的期待中。很多毕业生愿意花费大量的时间、精力投入考公、考编、考研，而非及时就业。还有许多毕业生对经济发达地区、热门行业等关注程度高，但是对经济欠发达地区、基层工作和传统行业缺乏兴趣，冷门专业的人才和一般性的人才求职困难，供求结构严重失调。

（三）教育过度和出国留学压力增大

在热门地区和热门行业的就业中，过度重视教育程度的现象在当下越来越突出。例如，互联网大厂以及国企等大中型企业在招考条件中都将硕士及以上学历作为一项重要的衡量标准。这些在一定程度上造成了大学本科毕业生的挤出效应，一定程度上助推了当下的"考研热"。一些本科生未能及时做好就业规划，又无法找到合适的职位，因此大多都会选择参加研究生考试，甚至在一次考研不成功后，继续放弃就业机会，进行二次甚至多次考研。但在真正步入工作岗位以后，相当比例的高校毕业生认为自己接受的教育对于所从事的工作而言是过度的。另外，随着国际形势不确定性的增加，以及前几年新冠疫情在全球蔓延带来的影响，都导致了出国留学比例的下降。以上诸多因素导致出国留学生数量减少，原来计划出国的本科毕业生转而加入考研、就业的行列，无形中增加了挤压效应，为大学本科毕业生就业带来了传导压力。

（四）用人单位招聘形式变化

由于新冠疫情对用人单位和劳动者双重的影响以及疫情防控的必要性，用人单位需要在特定时间段内一定程度上减少招聘次数和招聘人员数量，近三年来用人单位在高校校园设置的线下招聘次数有所减少。同时，相当数量的用人单位和高校把线下招聘的形式转换成了线上招聘，采取云招聘的方式与高校毕业生进行线上交流，线上招聘与线下招聘相结合的方式已经成为用人单位校园招聘的趋势。相关数据显示，2021年用人单位线下招聘占比不足30%，其余部分由线上招聘占据。在对毕业生就业去向跟踪调查发现，63.25%的高校毕业生接受并拥护网络招聘，36.75%的毕业生更倾向于选择传统的招聘方式进行求职和安置（杨勇，2023），这说明相当数量的毕业生没有及时转变传统的求职就业观念，在求职就业的方式上表现得较为被动。

与线下招聘相比，线上招聘灵活性高、对人力物力的要求也更低，但是线上招聘也有其自身的局限性，由于线上招聘需要借助于网络，用人单位在线上的宣讲与面试并不能让双方有更深更透彻的了解，求职的高校毕业生并不能当场了解到用人单位的招聘需求，一定程度上降低了劳动者与岗位匹配的精准性。尤其是一些艺术类高校毕业生的求职过程，他们很难在线上招聘过程中展示自己的专业技能，延长了就业的时间，降低了就业的质量。同时，用人单位也很难在线上考察到高校毕业生的综合素质。

（五）高校毕业生普遍追求稳定

由于毕业生在职业认知上的偏差和传统观念的影响，毕业生往往向往"铁饭碗"类型的工作。传统观念的影响加上近几年来经济不景气、新冠疫情对民营用人单位的冲击等多方面因素的影响，使得部分高校毕业生对就业前景以及职位选择更加保守，更倾向于从事相对稳定的行业与工作岗位。由于新冠疫情后各行业尚在恢复等对经济和人力资源市场的严重冲击，一些用人单位裁员甚至破产，导致失业率上升。高校毕业生在降低风险心理的引导下，对就业选择进行调整，改变了最初对就业前景的开放意识，转向体制化就业趋势。高校毕业生更多地愿意选择国家机关单位、公有制企业等更为稳定的工作，对民营企业的选择意愿下降，加入公考、考研大军的意愿明显上升，就业观念呈现出体制化、稳定化的迹象。

（六）"慢就业"现象增多

"慢就业"指的是，部分高校毕业生在毕业以后既没有马上就业，也不打算继续深造，而是暂时选择游学、支教、考取编制、在家待业或者创业考察，谨慎考虑就业选择的现象。相关数据显示，越来越多的高校毕业生告别传统的"毕业就工作"模式，逐渐转变为"慢就业"模式（杨勇，2023）。

毕业生在就业前对职场和社会的了解是非常有限的。部分学生在校期间缺乏就业的目标感和动力、明确的职业规划和就业技能，并对劳动力市场缺乏清晰的认识，导致就业动力不足。同时，劳动力市场供求关系的变化以及经济形势的影响，导致一定时间内劳动力市场招聘需求相对减少，一定程度上影响了高校毕业生的求职范围及就业选择。受多方面因素影响，上一年未能及时找到工作的毕业生重新加入了继续就业的行列，与应届毕业生一起继续寻找工作机会。在这种情况下，部分毕业生被迫成为"慢就业"群体中的一员。

（七）高校毕业生心理压力大

虽然高校毕业生的就业环境比以前得到了很大改善，但是他们的心理压力以及就业难度依然是很大的。一方面要按时、高质量地完成毕业论文以及其他毕业要求，参加毕业实习、实践等，还要参加笔试、面试；另一方面由于就业的供需矛盾不断加剧，导致高校毕业生在求职时面对的竞争压力越来越大。此外，新冠疫情期间各行各业都发生了巨大的变化，有些产业、行业没落或者生存困难，但同时也出现了许多新兴就业领域，这些都给高校毕业生提出了新的要求，使其在面对多变的就业市场时会产生更大心理压力。

第二节　影响高校毕业生就业的主要因素

自高校扩招以来，高校毕业生就业问题已经成为社会关注的热点。2021 年中国新增城镇就业人数为 1206 万人，同年高校毕业生人数为 1076 万人，是新增就业人口中的绝对主力①。2023 年中央经济工作会议提到要把促进青年特别是高校毕业生就业工作摆在更加突出的位置，要全力解决好高校毕业生就业问题。

国外有部分学者将影响高校毕业生就业的因素区分为内因和外因两种因素。从内因的角度来看，个人的学历层次、学习的专业是否热门、个人能力等因素都会对毕业生的就业产生影响。就外因来看，社会整体的经济环境、个人出生的家庭环境，以及用人单位与劳动者的关系等因

---

① 李枝霖，李佳. 东北地区高校大学生就业影响因素分析 ［J］. 辽宁工程技术大学学报（社会科学版），2023，25（3）：222 – 229.

素也会对毕业生就业产生影响①。

国内学者将影响高校毕业生就业的因素分为了宏观与微观两部分。从宏观的角度来看，影响大学生就业的因素包括经济发展水平、薪酬待遇差异、企业数量等方面。例如，物价及房价、公共资源水平、公共服务水平、薪酬待遇等都是影响高校毕业生求职就业选择的重要因素。从微观角度来看，个人特征、高校声誉、家庭社会资本等方面都与高校毕业生就业有显著的相关性。

综上所述，本节将主要从影响高校毕业生就业的家庭因素、学校因素、个人因素三个方面进行分析研究。

一、影响高校毕业生就业的家庭因素

影响高校毕业生就业的因素是复杂的，其中家庭因素起着重要作用。家庭因素对高校毕业生求职就业有着至关重要的影响，家庭环境也影响个人的职业选择，目前国内外已有相关方面的大量研究，主要集中在家庭氛围、家庭经济状况、社会地位和父母职业及教养方式等因素上。相关数据显示，父母对高校毕业生的职业选择起着重要的影响作用，81.2%的受访者表示父母影响了他们的职业选择②。学科对职业选择的影响占5.9%，个人规划对职业选择的影响占12.4%③。

家庭是一种以血缘和情感为纽带，以共同生活、经济合作和繁衍后代为特征的社会单元。与高校毕业生就业密切相关的家庭，不仅是由法律关系构成的基本社会单元，也是具有血缘关系的生活单位。家庭是每个毕业生进入职场时最直接的社会资源，为每个毕业生的求职就业提供动力。每个家庭的经济状况、文化环境和社会关系都有着巨大的差异，直接影响着高校毕业生的职业选择、单位定位、工资收入。家庭在毕业生求职就业中发挥着十分重要的作用，这种作用既体现在与职业发展相关的外部环境因素的决定上，如教育资源、经济状况以及就业背景等，

25

① 李枝霖，李佳.东北地区高校大学生就业影响因素分析 [J].辽宁工程技术大学学报（社会科学版），2023，25（3）：222 - 229.

② 中国青年报.94.4%受访应届毕业生直言能缓解就业压力 [EB/OL].（2024 - 5 - 16）[2024 - 5 - 20].https：//zqb.cyol.com/html/2024 - 05/16/nw.D110000zgqnb_20240516_4 - 04.htm.

③ 吕汉城.家庭环境对大学生择业的影响分析 [J].青年与社会，2019（5）：2.

也体现在毕业生群体内部独立个体特征上，如先天的生理和心理特征、性格特点等。主要表现在以下几个方面。

（一）家庭经济状况对高校毕业生就业意向的影响

家庭经济状况是对高校毕业生就业意向最直接的影响因素。家庭提供一定的经济支持，不仅能鼓励毕业生做出正确的职业规划和就业选择，还能在一定程度上减轻毕业生求职过程中的心理负担和精神压力，有助于实现更为正确的就业选择；家庭经济能力薄弱会限制毕业生求职就业时的选择，比如选择直接就业还是考研深造抑或出国留学，家庭经济能力都会在一定程度上影响毕业生的选择，并且毕业生在求职就业过程中还要承担相关的经济成本，所以家庭经济能力在一定程度上也会影响毕业生的就业结果。

（二）家庭文化背景对高校毕业生就业意向的影响

高校毕业生的家长通常会根据自己已有的知识和经验发表意见，他们的意见通常具有一定的控制价值，很多没有主见的毕业生会受到传统观念的影响，当自己的意见与家长的意见相左时，会无条件地听从家长的命令或者建议。家庭是人类生活和成长的"根"，为人类的发展进步奠定了基础。父母的素质、教育水平、教育观念、教养方式以及家庭成员之间的和睦相处，都直接影响着学生的个人成长和发展。霍兰德曾说过，在所有影响时代潮流的事件中，父母的影响是最明显的。相对而言，教育水平和素质较高的父母能给子女更多的正面激励、指导和工作支持。父母在教育和引导子女的过程中，更多的是给予关怀、温暖和理解，良好的教养条件有助于子女形成更好的自主性，提高就业选择的有效性。不同的家庭有不同的教养观念、教养方式和家庭氛围，因此高校毕业生的就业愿望也有其"家庭"特征。例如，在环境良好的家庭中，高校毕业生通过与父母或者其他家庭成员的交流沟通，更容易获得与求职就业相关的建议和帮助，如果有明确的就业意向，父母因素比其他因素影响下的选择更容易贯彻到底。父母的职业经历对子女的就业意向也有很大影响，职业背景的差异不仅反映了经济资源的差异，也反映了关系资源的差异以及父母观念和教养方式的差异。不同职业所处的环境不同，父母对子女的职业选择、为人处世和情商培养的指导和影响也不

同。有些高校毕业生的职业选择往往与父母和其他家庭成员的职业选择
有一定程度的重叠。家庭成员，尤其是父母的价值观不仅影响毕业生职
业价值观的形成，而且对毕业生的职业选择起着重要的指导作用。例
如，有的家长非常看重工作在社会上的认可度；有的家长非常看重工作
的稳定性和保障性；有的家长非常看重工作的收入；有的家长非常看重
工作的自由程度、专业技能等。这些对毕业生就业观念的确立与就业岗
位的选择都会产生重要影响。

（三）家庭关系对高校毕业生就业意向的影响

一般来讲，社会关系在社会资源配置中发挥着有别于物质资源和
人力资源的重要作用。尤其是在我国拥有悠久的历史和深刻的传统文
化底蕴的背景下，家庭和家庭之间的社会关系网络是社会资源的表现
形式，在社会资源配置中以及子女教育、择业等方面都有着十分重要
的作用。

这主要体现在以下几个方面：首先，家庭社会资源可以为毕业生
的就业提供某些看得见或看不见的机会，如求职信息、创业支持、经
济支持等，这些都会在一定程度上影响毕业生的求职就业去向，使毕
业生在求职就业的途径或目标上存在差异；其次，家庭社会关系的价
值取向还会通过父母对毕业生求职就业的参与产生间接和直接影响，
使毕业生的就业意向和就业结果产生差异；最后，家庭社会关系资源
也会在一定程度上渗透到毕业生就业的竞争空间，增加毕业生就业的
复杂性和难度。

二、影响高校毕业生就业的学校因素

（一）部分高校就业指导方面存在欠缺

从高校的角度来看，不同学校的教育方法和培养模式也是影响毕业
生就业价值导向的重要因素之一（徐国平，2022）。

一是由于社会经济发展的不断变化，高校之间在教育教学模式方面
往往存在较大的差异。部分高校因为教学模式的单一，缺乏职业生涯方
面的引导和规划等问题，培养出来的毕业生往往难以满足社会的需求，

甚至在专业知识和课程设置方面都无法与社会发展特点匹配。因此，毕业生因为没有接受过相关方面的系统教育和培训，缺乏实践经验和对职场的认识，在求职就业过程中出现了相当数量的失败案例。二是部分高校没有对在校生进行系统的求职就业引导，在没有做好相关培训与实践的情况下，部分在校生只注重学习专业知识与技能，而忽视了实践与职业规划的重要性，导致部分毕业生没有掌握基本的面试技巧和规范的简历制作方法等。三是部分高校没有充分认识到毕业生心理健康的重要性，没有及时对毕业生的不健康心理进行疏导、没有对毕业生的心理状态进行正确的引导与干预。虽然目前相当数量的高校都开设了充分的心理健康教育课程和相关咨询，但服务的对象大多是刚进入大学的学生，辅导教育的内容也主要集中在学生个人心理健康状况上，对毕业生缺乏关注。部分高校对专业心理学的研究不够深入，缺乏理论支撑，对毕业生的心理健康普查、心理咨询和问题干预支持在实践中还比较缺乏。

（二）高校要制定完善的职业规划教育体系

高校是人才培养与现代化教育的主要场地，大多数高校只注重专业知识与技能的教育，忽视了职业生涯规划教育的重要性。因此，高校应当在教学过程中为学生提供全面的职业规划指导，按照全程化、全纳化、参与化、个性化、对标化的要求开展职业指导工作。

一是完善职业生涯规划和就业指导课程。高校应在不同专业、不同年级的学生中有针对性地开设就业指导课程，不同的学生有不同的性格特点和求职就业需求，有针对性地实施就业指导将具有更高的价值。高校可以从加深学生对求职就业的认识开始，开设职业生涯规划与就业指导课程，激发学生对求职就业的认识和用人单位招聘需求的了解，向学生宣传专业知识与岗位的联系，让学生结合自身的就业需求，初步制定出合适的职业目标；对于大三、大四的学生，学校应重视辅导工作，系统开设就业指导课程，妥善处理学生在就业方面的心理健康问题。

二是要树立就业指导"一盘棋"的思想。学校要高度重视就业指导工作，注重全员参与就业"传帮带"工程，由专任教师、辅导员、职业规划师以及相关学生部门共同参与。教师要及时联系校友，关注学生就业动态，适时伸出援助之手。

三是"走出去"与"引进来"相结合。为了做好"闯关"工作，学校可以邀请当地知名企业家、杰出商人走进课堂，为学生提供最新的就业信息，详细讲解当前的就业政策和就业形势，帮助毕业生完善职业生涯规划，顺利步入社会，切实提高毕业生的就业能力（徐国平，2022）。

三、影响高校毕业生就业的个人因素

（一）个人选择的误区

每年到临近毕业的时候，都会有相当数量的高校毕业生在求职就业过程中出现焦虑及矛盾心理。

一是对就业和升学的矛盾心理。毕业生一般会在升学和就业之间陷入两难境地，不知道该如何选择。不可否认，随着社会经济的发展，许多企事业单位在招聘招考过程中对学历的要求越来越高，再加上传统观念对高学历的推崇，导致许多毕业生没有及时根据个人的实际情况做出科学合理的职业规划，盲目陷入研究生升学考试中无法自拔。

二是对就业行业和岗位的矛盾心理。很多毕业生在选择国有企业还是民营企业之间存在矛盾心理。国有企业意味着稳定，民营企业意味着高薪或者相对自由的工作时间，有些毕业生在择业观念上存在误区，一味认为进入体制内工作才是自己终身的归宿。

三是在就业地区方面，部分毕业生通常会在选择热门城市还是冷门城市之间存在矛盾心理，在选择一线城市拼搏和服务家乡建设方面陷入两难，迟迟无法做出选择。

（二）个人的心理因素

从当前就业形势来看，绝大多数高校的毕业生，都会在毕业时面对各方面的压力。多数毕业生在毕业时都没有足够的社会经验和生活阅历，在面临求职就业选择时，来自各方面的压力会带给他们焦虑甚至恐慌心理，担心自己无法顺利就业，学习多年的专业知识没有施展的平台，难以快速找到合适的工作。有的毕业生则会担忧因无法及时就业而没有收入，满足不了自身和家庭的需求。尤其在周围同学都已经顺利升学或者就业的情况下，他们往往会产生更加严重的心理问

29

题。在这种情况下，毕业生很容易因为心态发生变化，影响自己的判断能力，进而做出错误的就业选择，影响未来的职业生涯规划与职业发展。还有的毕业生在经历几次求职的失败经历后，对自己的认知出现严重偏差，进而出现自卑等不健康心理，最终导致择业错误甚至面临二次择业。

（三）个人的职业方向认知不清晰

一是对自我的认知不清晰、定位不准确。有的毕业生不能结合自己的学校层次、专业方向、日常学业成绩、参与实践、自我能力、获得荣誉等，合理判断自己的职业能力，忽视了人岗匹配的重要性，没有做出科学合理的职业发展规划。

二是有的毕业生过度迷恋体制内的"铁饭碗"。只要面子不要里子，执着于考公考编，将毕业季的时间都安排在了考公考编的备考复习上，一次不行就两次，两次不行就 N 次。甚至有些同学从大一、大二就将大量时间用在了考公考编上，忽略了日常专业能力和职业技能的完善提升，同时在毕业季也错过了大量的求职机会。

三是部分毕业生的目标不明确，动力不足。部分毕业生缺乏明确的职业发展规划，就业动力不足，再加上家庭条件较为优越，导致"懒就业""不就业"的状况。

第三节　就业困难毕业生就业困境

高校毕业生就业是一个涉及多方面的社会性问题，关系着千千万万个家庭的切身利益。仔细探究其根源，主要可以从三个方面入手进行分析，分别是毕业生层面、高校层面、用人单位层面。这三个方面，基本可以涵括毕业生就业过程可能遇到的大多数问题。

一、毕业生就业意识薄弱，实践能力不足

在经济快速发展和信息网络高度发达的今天，新时代的毕业生容易受网友或某些所谓的"专家"的影响，缺乏独立思考的能力，对事物

本质缺乏科学合理的判断。毕业生在就业问题上，由于缺乏锻炼和实践，导致对就业缺乏认知。对一些事物看法不成熟，实践动力相对薄弱，许多观念和意识来自他人，有些看法也是从他人口中的建议、意见或见解中获得的。他人固有观念的灌输，对毕业生的就业也有一定影响和制约。调查发现，毕业生对自身定位模糊，没有明确的未来职业规划方向，许多毕业生对就业的观念仍停留在过去。一些人认为大学生接受的是高等教育，毕业就应该有相匹配的岗位和稳定的收入，实践中并非如此，大学生也是社会中的普通人群，并没有特殊的待遇。而受传统观念影响，高校毕业生选择性失业现象时常发生，一些毕业生有业而不就，造成待就业假象，虽然现在已经有相当数量的高校在毕业生就业前期开展了求职指导、面试技巧等相关课程，但效果不佳。另外，部分学生对自己的求职意向定位过高，没有准确地认识自己，对自己的定位不准，高估了自己的实践能力，这就造成部分大学生在就业中不能准确展示自身能力。即便现在大学生有很多社会实践的机会来培养专业技能和业务能力，但实际并不像想象得那么简单，学生参与度不高、形式主义等问题严重，也造成了实践上的不足。

二、高校对毕业生培养方案成效缓慢

高校人才培养模式对大学生就业起到重要的作用。高校是我国重要的人才培养根据地，大量涌入社会的人才大多都来源于高校。换言之，高校的人才培养方案是否科学合理、符合人力资源市场的需求，直接或者间接地影响了整个社会的运行。因此，社会发展的进度与高校人才培养方案的科学性往往呈正相关关系（吴刚，2020）。这说明高校是人才培养与人力资源供给的重要阵地，应该切实抓好高校学生就业指导与职业生涯规划，为毕业生进入社会做好思想上的认识和心理上的准备，为毕业生就业提供最坚实的指导和最有力的保障。相比较而言，每年的高校毕业生培养方案都在修订和改进，这也会直接影响到很多在校大学生的切身利益，导致这些学生在毕业之后表现出明显的差异。由此可见，毕业生就业质量的高低，是对高校人才培养方案的一次又一次检验。

三、用人单位过分看重学历出身，轻视能力水平

纵观五年以来的高校校园招聘过程，有些用人单位对高校毕业生的入职条件过于严格，条件设置得过于繁琐，同时也过分注重第一学历。例如，985、211学校毕业的学生在求职过程中就有了明显的优势，而有些毕业生求职就会受到严重的影响，甚至出现歧视和不公平的现象。有些用人单位甚至还对学分绩点、是否担任过班级主要干部、是否在学生会任职做出了相关要求。在这种条件下，很多优秀的大学生会被淘汰出局，成为落选者。但是，那些第一学历不错能力却很一般的学生却可以如愿以偿地找到理想的工作。在许多地方，用人单位要合理有效地作出人才培养方案和人才选择标准，形成一套完整的人才录用方案，用科学有效的方法来管理人才，不能仅凭借经验和不成文的标准招聘劳动者，这些经验和不成文标准无法准确为用人单位招聘到合适的人才，甚至对用人单位的发展产生负面作用。在实践中，部分用人单位还存在严重的性别歧视问题，对女生的就业能力不是很重视，有些岗位还出现了不招聘女生的现象（吴刚，2020）。这一现象对女性就业群体产生了严重的影响，让很多的女性在求职就业过程中受挫，对女性求职者的职业生涯造成了非常严重的不良后果。

第三章　职业规划与就业培养

在高校毕业生人数逐渐增多和就业形势日趋严峻的今天，各高校逐渐增强了对职业生涯规划和就业培养的认识。高校不仅是培养高层次人才的摇篮，更应该帮助学生适应社会发展、提高专业技能、明确就业方向，引导毕业生找到适合自己的职业，还要鼓励大学生自主创业，开创新生活。面对日益复杂的就业形势，大学生职业生涯规划与就业培训已成为一项十分重要的课程，在校生在大学阶段就应当掌握专业化知识与技能，同时在毕业前做好职业生涯规划，为实现自己的职业目标与社会价值打下坚实的基础。目前，很多大学生对职业和就业的认识还不够全面和透彻，对未来从事什么样的工作还很迷茫。因此，高校应通过职业规划和就业能力培养，提高学生对求职就业的认识，帮助他们树立正确的择业观念。

职业生涯规划是高校学生从学生走向职场的重要步骤，是他们实现自我价值和成长的必经之路，职业规划能有效提高高校学生毕业后的竞争力与适应能力。高校应通过组织开展培训活动，对职业生涯规划进行细致的教学，使学生充分了解职业生涯规划的必要性和重要性，从而对自己未来的职业生涯有更清晰的认识。目前，一些高校组织学生参加职业生涯规划的相关活动，让学生在活动中更好地理解职业和就业能力的内涵和重要性，促使大学生更好地规划自己未来的职业生涯。

第一节　职业规划引导

美国心理学家曾对哈佛大学毕业生进行了一项长达 25 年的研究，结果发现，从哈佛大学毕业后，约 60% ~ 70% 的学生没有明确的职业规划，约 10% ~ 20% 的学生职业规划不明确，约 5% ~ 10% 的学生有明确的职业规划。跟踪调查显示，有明确职业规划的占 5%，5% ~ 10% 的学生最终将成为美国社会的领导者①。

中国青年政治学院副院长陆七桢教授的一项调查显示，有 67.29% 的大学生确定了自己的职业定位，但其中的大部分选择并不准确或者不科学，还有 49.84% 的毕业生对自己所选择的职业缺乏充分的了解，从相关数据来看，有近一半的大学生不知道什么是职业规划，也没有进行过与职业生涯相关的规划或者学习。

一、大学生职业规划概述

大学生职业生涯规划是高校教育体系的重要组成部分，对提升大学生的就业率、社会适应力和竞争力有着至关重要的影响。然而，部分高校对学生的职业规划教育并不够重视，在时间和精力的安排上不够科学和合理，相关课程的教师专业化水平也不高，这些问题最终导致职业规划引导教育的质量大打折扣。为此，高校需要主动调整教育方向和思路，践行现代化职业规划教育的理念，科学地安排教育时间和精力，逐步提高师资培训的力度，尽可能提升教师的专业化水平和层次。同时，要充分彰显职业规划引导的系统性、专业性和多样性，确保学生能够接受科学合理的职业规划教育和指导。

职业生涯规划与职业教育都离不开课程的支撑，高校需要开发相应的职业生涯规划课程，并将其与现实社会联系起来。一方面，高校应当注重专业知识与技能的教学，在专业知识的教学中引入职业规划的相关内容，使学生更清晰地了解职业生涯的起源与发展、职业生涯的概念、职业生涯的特点等内容，使学生初步形成职业生涯的概念。另一方面，以实践活动为重点，详细制定适合大学生的职业生涯规划和职业教育策略。

实践是专业知识教育背后的有效补充和接力棒。实践与实习是深化学生职业生涯规划认知的重要途径。在实践活动方面，高校应利用一切

---

① 第一心理 . 哈佛大学一项耗时 25 年的研究显示：决定一个人命运的，并不是出身 [EB/OL]. （2024 – 5 – 16）［2024 – 5 – 20］. https：//baijiahao. baidu. com/s? id = 17972977105 05215809&wfr = spider&for = pc.

可能的社会资源，为学生提供充分的实践活动机会。

（一）大学生职业规划的概念

通常来说，职业生涯规划是将个人的发展与组织、社会的发展相联系，对决定个人职业发展的个人因素、社会因素和组织因素等进行分析，制定有关个人在事业发展上的战略设想与计划安排，为实现职业目标而确定行动时间和行动方案。

在大学生职业规划中，大学生一是要对自身能力、性格特点、兴趣所在等进行分析，对自己有充分的了解。二是要对整个社会环境、就业市场需求等进行深入分析，并根据分析结果制定一个合适的奋斗目标，选择实现这一目标的职业，制定相应的工作、教育和培训的行动计划，并对每一步骤的方向、顺序和时间做出合理的安排（徐笑君，2008）。

（二）大学生职业规划的作用

职业规划对大学生具有强化自我管理、有效开发与利用自身潜能的重要作用。总的说来，大学生职业规划至少具有四方面的作用。

1. 帮助大学生确定职业目标

职业规划的主要作用和目的就是帮助大学生认识自己与把握就业形势，明确就业定位，指导初入职场的毕业生掌握必要的职业技能以及所需的职业态度，尽快适应职场环境，在事业上获得成功。在规划职业生涯之前，应当对在校学生进行详细的评估，使其对自己的性格及兴趣等有清楚的认知。大学生能力评估的目的是认识和了解自己，评估自己的能力和兴趣，了解自己的个性，发现自己的爱好，制定目标，发展自己的特长。同时，在校学生通过对自己的分析，可以正确设定求职目标，快速做到人岗匹配，顺利实现职业生涯规划。

2. 助力大学生发挥潜能

职业规划意在强化目标意识，调整日常工作安排，而不至于陷入跟人生目标无关的日常事务当中，从而使大学生利用好职业规划的课程与实践，增加成功的可能性。另外，职业规划还有助于大学生集中精力，更好地发挥自身优势，弥补不足，提升职业竞争力，了解把握相关的就业政策，更好地在职场中适应环境，全神贯注于自身优势，进一步发展潜能，最终能够顺利达到目标。

3. 为大学生提供前进的动力

制定职业规划既是努力学习的依据，又是前进路上的风向标。职业规划给予大学生一个明确的目标，可以通过职业规划并制定计划，再一步一步实现规划，促使思维方式和工作方式渐渐改变。另外，大学生的职业规划必须是具有可行性的。如果规划不具体，无法衡量能否实现，就会降低大学生积极性，这点与心理激励的"倒 U 形"结构是一致的。

4. 有助于正确评估目前的成绩

职业生涯规划其中的一个重要功能是，为在校学生提供自我认知的重要机会，大学生可以对照职业规划的进展情况来评估自己的成绩。职业规划模糊的学生面临的一个共同问题是：他们从未有过对自己进行评估的想法，没有意识到职业规划的重要性和必要性，更没有清晰的职业规划。

为了有效实施自我评估，大学生需要认真规划自己的人生道路。只有设定明确的目标，他们才能有意识地发展自己的知识、技能和能力，以实现各个阶段的职业目标。

二、大学生职业规划的基本内容

（一）自我评价

在自我面对职业生涯规划时，大学生要进行充分的自我认知。认真思考并回答：我是谁？我适合做什么？我喜欢做什么？我想做什么？我能做什么？我要达到什么样的目标？

面对就业，要有做决定的勇气和胆识。要想做一个正确的决定，就必须自己先了解自己，同时还要通过了解他人和社会进一步认识自己。了解自己是开始工作的起点和基准。必须清楚地了解自己的个性、长处和短处，才能正确地评估自己，做出符合自己价值观、个性和自我发展需要的职业选择。

1. 自我评价的定义

自我评价是指在全面了解自身素质的基础上进行准确的自我评价。有效的职业生涯规划必须建立在对个人主观情况和客观外部环境充分了解的基础之上。自我评价包括对自己的兴趣、爱好、特长、知识、技能、情商、智商、专业技能和心态等方面的全面分析。正确地自我分析、自我认识、自我了解（其中主要包括弄清自己想做什么、能做什么），才能树立正确的职业目标和理想。

2. 自我评价的内容

总体来讲，大学生职业规划中的自我评价过程主要包括以下几方面：一是认识生理的自我，包括对性别、身体素质等方面的认识；二是认识社会的自我，包括自己的生活角色，在生活中的责任、义务、名誉，以及他人对自己的态度等内容；三是认识心理的自我，包括对个人性格、兴趣、能力、价值观等方面的认知，这是自我评价的基础。

3. 自我评价的方法

在大学生的职业规划中，要做到准确地自我评价，主要从两个方面入手。

第一，在日常的学习和生活中要时刻注意自我认识和自我反思，通过收集他人对自己的客观评价和接受他人对外部环境中自己的反馈，了解自己的兴趣、能力、价值观等。第二，在职业指导教师的指导和培训下，或通过其他各种权威的测试工具和方法，探索自己的兴趣爱好、性格特征和思维方式，确定适合自己的工作领域，从而更准确地确定职业发展方向。可以采取的一些自我评价的方法路径如表 3 –1 所示。

表 3 –1　　　　　　　　　　自我评价的方法路径

序号	方法内容	方法论
1	回顾自己的成长史	五 W 归零思考法：我是谁；我想做什么；我能干什么；环境支持或允许我干什么；我的职业规划是什么
2	注意家庭、同学、朋友、师长等对你的看法、意见和建议	360 度评估反馈法
3	利用心理测验或专家咨询、较为客观地测试你的能力	测评软件
4	把自己置于新环境，从适应过程中表现出的种种行为中更好地认识自我	情景模拟法

乔哈里橱窗分析法是一种借助直角坐标不同象限来表示人的不同部

分的分析方法。心理学家鲁夫特与英格汉提出了"乔哈里窗"，这里的"窗"是指一个人就像一扇窗，普通的窗户分成四部分，人也是如此。具体信息如图 3－1 所示。

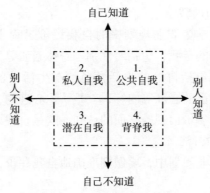

图 3－1　乔哈里橱窗分析法

38

图 3－1 中的坐标在横轴上正向表示别人知道的部分，在横轴上反向表示别人不知道的部分；在纵轴上正向表示自己知道的部分，在纵轴上反向表示自己不知道的部分。这样，人类对自身的认识就分为四个部分。

右上角的窗口 1 是自己知道别人也知道的部分，即"公共自我"，这是个人外部的部分。左上角的窗口 2 是自己知道而他人不知道的自我部分，即"私人自我"，这是个人内在的、隐藏的部分。左下角的窗口 3 是自己不知道别人也不知道的自我部分，即"潜在自我"，这是尚未开发的部分，人的潜能是巨大的，因此了解"潜在自我"是自我意识的关键点之一。右下角窗口 4 是自己不知道但别人知道的部分，即"背脊我"，这是别人应该了解的自己。在向他人寻求建议时，应虚心接受他人的意见和看法，有则改之，无则加勉，以便从他人身上了解更多的自己。

（二）对性格的认识

1. 性格的定义

性格是人对现实的稳定态度和习惯化行为方式的总和，表现为个体独特的心理特征。作为性格的态度和行为方式，总是比较稳固的、习惯性的，甚至在不同的场合都会表现出来。性格是在生活与学习中逐渐形成的，与个人经历、家庭、受教育程度等都有一定的关系，同时也受个体的生物学因素影响。

2. 人格与气质

人格是一个既丰富又抽象的概念，它包括气质、人生价值观等稳定的特征。气质是个人在生活早期就表现出来的稳定的个性差异，并且随着年龄及阅历的增加不易变化。

3. 性格的特征

性格大多是受后天因素影响的，有社会文化模式的烙印，有可能改变。

4. 对性格的理解

通过了解性格特征，我们可以更好地认识自己，认识到环境的重要性，同时认识他人，真正地知己知彼，从而更好地处理社会关系。了解性格特征可以让我们了解其他不同的性格表现，更加宽容地面对社会，帮助人们更好地沟通，建立真挚的感情。性格并没有好坏之分，无论是内向还是外向，都只是形容性格的词汇，并无褒贬之分。了解自己的性格类型，有利于了解适合自己的工作和岗位，可以促进高校毕业生与用人单位更好地达成一致。对性格类型的最终判定者，就是每个人自己。

（三）对兴趣的认识

1. 兴趣的定义

兴趣是一个人学习和发展某项技能的动力，与能力和别人的评价无关，是内心快乐的最终来源。

2. 兴趣的重要性

一是能影响人们的职业方向和职业选择。兴趣就是满足感、幸福感的来源，往往因为从事某种自己喜欢的活动，而不是单纯什么也不做就能获得幸福感。人们从事的活动，既要能解决生存收入问题，又要考虑到自己对其是否喜欢。兴趣的发展通常经历三个阶段：感觉兴趣、意识兴趣和愿望。从感觉兴趣开始，逐渐发展到意识兴趣，再与有目的的奋斗相结合，愿望的发展表现出动力和意志品质，使人强烈地追求某一职业，并为之付出全部努力。二是可以激发人的创造能力。如果一个人对某件事情感兴趣，就会激发他的好奇心和探索热情，促使他充分调动全身的积极性，使情绪饱满，智力和体力处于最佳状态，才能得到最大限度的发挥，潜能得到最大限度的挖掘，使人的主动性和创造性得到充分的表现，促进事情的成功。三是可以提高人的职业适应能力。参与度与工作满意度、职业稳定性和职业发展之间有着明显的联系。霍兰德有关职业心理的研究表明，一个人如果对某项工作感兴趣，就能发挥其80%～90%的综合才能，长期保持高水平的工作绩效而不感到疲劳；与此相反，对某项工作不感兴趣的人只能在该领域发挥其20%～30%的潜能，而且容易产生疲劳和厌倦感。

3. 职业兴趣

职业兴趣指的是人们对不同工作的心理偏好程度，是心理偏好的具体指向。人们通常倾向选择与自己兴趣类型匹配的职业。约翰·霍兰德曾说："虽然我们做了几十年的研究，但预测个人职业选择最有效的方法却是询问这个人自己想做什么。"如果个人的人格类型与岗位相匹配，就有可能增加工作过程中的幸福感，也有利于更好地完成工作，增强职业成就感和职业稳定性。因此，占主导地位的特质类型可以为个人选择职业和工作环境提供方向。职业兴趣的培养，要先客观地评估和寻找自己的兴趣所在，开阔自己的视野，尽可能接触众多的领域，找到兴趣点。

（四）职业环境分析

1. 工作环境分析的定义

工作环境分析是指对与工作环境相关的环境因素进行全面有效的了解，对工作环境的现状、工作特点和未来发展进行透彻的分析，对环境因素的优势和局限性进行有效的了解，从而有效评估环境因素对工作规划的影响。

2. 工作环境分析的重要性

改革开放以来，我国经济迅速发展，科学技术不断进步，就业市场上的各行业、各职业也在不断变化，许多新的职业不断涌现，但也有许多职业已经退出了劳动力市场。因此，大学生必须对职业生涯发展的客观、微观和宏观方面有清晰的认识，全面、综合地了解职业环境，分析环境的特点、发展形势，还要了解个人与工作岗位的关系，以及工作岗位对个人的要求，准确把握环境对个人的有利或不利因素等。只有充分了解复杂的职业环境，才能在复杂的职业环境中有效地趋利避害，才能将自己的职业选择与社会需求和变化有效地联系起来，进而更好地规划自己的职业目标，选择自己的职业道路。

（五）职业指导分析

1. 职业指导的定义

职业指导是指根据职业目标、职业方向、职业潜能和客观情况，找到最佳的工作选择。职业定位过程主要考虑性格、优势、兴趣爱好等因素对职业契合度的影响。准确的职业指导建立在最优个性、最大承诺、最佳才能和最有利环境的假设之上。职业目标的选择是职业发展的关键，一个强有力的目标可以成为成功的重要推动力。正如美国著名心理学家洛克在其目标设定理论中指出的：只要人们有意识地为自己设定一个前进的目标，目标就会在人们心中产生强大的驱动力，它是完成工作最直接的动力。

2. 职业指导的内容

学习阶段是学生性格特征、兴趣爱好发展的时期，也是学生理论知识发展和专业技能掌握的重要时期。在这一时期，职业生涯规划教育对大学生的职业发展起着重要的引领作用。然而，大学生职业指导不可能一步到位，其主要包括以下内容：第一，明确和了解大学生在校期间的职业理想，逐步形成初步的职业目标；第二，通过各方面理论知识的学习和训练，职业信息的收集、选择和应用，以确定毕业时最终的职业选择。

3. 职业指导的方法

第一，在校期间制定短期职业目标。在职业指导过程中，大学生可以先制定学期目标，将学期目标再仔细具体化，划分为与实际情况相关的短期目标和中期目标。例如，可以将其分解为有时间限制的月目标和周目标，结合既定目标采取具体的行动步骤，逐步实现短期目标，提高专业技能，弥补个人目标与自身情况之间的差距，潜移默化地提高自身能力，促进个人情况与职业目标的一致性。第二，要在实践中确定最终的就业方向。大学生应于在校期间规划好学期目标，为毕业后的最终就业奠定基础，并通过不断了解社会行业、职业要求、岗位需求、专业知识和技能以及自身情况，最终确定自己的职业选择。

（六）制订科学的行动计划

1. 行动计划的定义

行动计划是为实现目标而实施的具体措施，主要包括与工作、培训、教育等有关的措施。一旦确定了明确的职业生涯规划，学习与制订行动计划就成为职业规划的重要组成部分。没有明确有效的行动计划，绩效目标就难以实现，职业规划的实施也就无从谈起。就高校学生职业生涯规划来说，制订详细的行动计划是高校学生职业规划的重要组成部分。

2. 行动计划的重要性

有效的行动计划有助于工作正常、有序、有条理、有步骤、有重点地进行，可以节省时间，避免工作的中断，以保证工作的质量和效率。

一方面，大学生应根据自己的职业规划，从制订新的、短期的、可行的行动计划入手，不断完善自己的行动计划；另一方面，大学生应根据自身实际情况和社会发展趋势，制订切实可行的长期行动计划，然后逐步向既定目标迈进。

（七）做好职业生涯规划

职业生涯规划应充分考虑三个关键因素：职业定位、职业目标和职业机会。大学生应如何规划自己的职业生涯？可以从以下几个方面入手。

1. 对自己的能力和性格等进行评估

评估的目的是让高校学生更加了解自己。因为只有充分认识自己的能力和性格，才能做出适合自己的求职就业选择，选择适合自身发展的职业规划道路，做出实现职业目标的最佳选择。

2. 明确职业定位

俗话说"人无远虑，必有近忧"。不思则无为，清晰的职业定位是事业成功的关键。定位是人生的一个参照系，它反映了一个人的价值观、兴趣爱好，影响着一个人的追求和成就的尺度。在制定职业生涯规划时，必须首先明确志向，即职业定位。

3. 做好职业环境分析

它侧重于评估不同环境因素对人们职业生涯的影响。每个人都有一个特定的环境，没有这个环境，他们就无法生存和发展。因此，在规划个人职业生涯时，必须分析环境的特点、环境的演变、个人与环境的关系、个人在环境中的地位、个人对环境的要求以及环境中的有利条件和不利条件。只有充分了解这些环境因素，才有可能在复杂的环境中避免损害，并将职业规划付诸实践。

4. 职业选择

职业选择的对与错，直接关系到人生和事业的成败。正确的职业选择应考虑个人的优缺点、环境的支持、最终的职业目标等问题。

5. 选择职业道路

例如，是选择走行政管理之路，还是走专业技术之路。在规划职业生涯时，必须提前做出选择，以便将自己的培训、工作和各种活动纳入职业生涯的轨道或预定的方向。一般来说，职业道路的选择应结合自己的实际情况，确定自己的最佳职业道路。

6. 设定职业目标

设定职业目标是职业生涯规划的核心。一个人职业生涯的成败，很大程度上取决于是否有正确恰当的目标。只要设定目标，明确奋斗方向，目标就像大海中的灯塔，指引你避开危险的暗礁和礁石，走向成功。确立职业目标，就是选择职业道路，选择人生目标。这种选择的依据是最优秀的才能、最大的兴趣、最有利的环境和其他信息。目标通常分为短期目标、中期目标、长期目标和人生目标（韩晓欧，2013）。

7. 制订行动计划和措施

职业目标确定后，行动就成了关键环节。没有实现目标的行动，目标就难以实现，也就谈不上职业生涯的成功。这里所说的措施是指为实现目标而实施的具体行动，主要涉及工作、培训、教育、轮岗等措施（杨跃平和梁发斌，2003）。例如，为了实现工作目标，你将采取哪些行动来提高自己的工作绩效？关于业务质量，你打算学习哪些知识和技能来提高业务绩效？在开发潜能方面，要采取哪些措施来开发自己的潜能等？这些都要有具体的计划和明确的行动，而且这些计划要非常具体，以便于定期监督。

8. 评估与反馈

俗话说"计划赶不上变化"。职业规划受很多因素的影响。有些变化因素是可以预测的，而有些则难以预测。在这种情况下，职业规划需要不断评估和修正，才能有效。这类审查包括重新选择职业、选择职业道路、审查人生目标以及改变实施措施和计划（杨跃平和梁发斌，2003）。

第二节　就业观念引导

在纽约街头有一位推销气球的商人，他手中握着五颜六色的气球，每当生意清淡的时候，他总要放飞一只气球，招揽一批顾客。有趣的是，他每次总要挑选一只颜色不同的气球放飞。一个小孩好奇地问："黑色的气球能飞上天吗？"商人爱怜地拍了拍他的脑袋，笑道："孩子，让气球飞上天的不是它们的颜色，而是它们内在的东西。"

一、大学生就业观念引导的背景和概念

20 世纪初，以美国为代表的西方工业化社会迅速发展，在这样的时代背景下，就业指导运动的兴起使人们开始更加关注个人的利益和习惯、开发个人潜能。在就业引导理论的形成和发展过程中，得到了教育学、心理学、社会学等学科的支持。

我国大学生就业观念引导工作经历了曲折复杂的过程，目前有较多国内学者研究大学生就业观念引导。池忠军（2000）认为，大学生就业指导是在自觉、自主、科学的基础上，考虑大学生个人特点和社会需要，实现大学生职业适应性，规划大学生职业发展，选择大学生职业准备体系的教育过程。符惠明（2006）认为，大学生就业指导是广义的就业指导，是为了帮助大学生根据自身特点和社会职业需要，选择并确定有利于发挥个人才能和实现个人理想的职业；帮助大学毕业生按照国家就业政策的导向，及时落实用人单位或自行创业；并为其就业后发展成才、创立事业提供帮助和指导，使其正确地实现自己的人生价值和社会价值。林夕宝和王传明（2006）认为，大学生就业指导是为了帮助大学生根据个人的特点和社会发展的需要，做出合理的职业规划，建立相应的专业知识基础，选择能发挥自己才能的职业，实现大学生的个人价值和社会价值。刘铁（2011）认为，大学生就业指导也存在狭义与

广义之分。通常情况下，狭义的大学生就业指导包括组织校园招聘会，根据国家就业政策帮助大学生顺利完成签约、就业派遣与改派等就业程序方面的管理工作。广义的就业指导除了上述内容外，还包括引导学生树立正确的就业观念，求职技能培训、就业心理辅导、开展就业指导课程等方面的内容。

以上观点都有各自的道理，不同的研究者对大学生就业引导的理解存在一定的差异，但本质是基本一致的。大学生职业生涯规划与就业引导是让大学生了解职场，帮助和指导大学生择业和适应工作，根据大学生自身特点和择业需求，以帮助大学生更好地求职就业，在未来职业发展道路上实现自己的目标、贡献自己的价值。

二、帮助大学生树立正确的就业观

在就业观的确立过程中要明确以下几个问题。

一是职业规划要科学合理。大学生的职业规划中存在着许多的不合理信念。例如，一旦下了决定就不能再改变；每个人终生只能有一个适合的职业；不能做出决定，说明自己不够成熟；我会按照家人或者老师的期待去做出决策；只要有兴趣，我就一定能成功；我的决策必须是十全十美的；世界变化太快，"计划未来"没有意义；工作是实现自我的唯一途径等。这样的不合理设定还有很多，要通过就业观念引导及时帮助纠偏改正。

二是专业对口发展的问题。这是很多大学生在择业时常常面临的问题。大学最重要的是培养一种学习能力，学会求知，并形成终身学习的意识，与所学专业对口的岗位并非最适合自己的岗位。大学生在大学所学的知识和素质训练可以适应多个社会职业岗位。

三是对待机遇与待遇的问题。是选择待遇还是选择机遇？在面临选择时，大学生常常存在一定的困惑。待遇和机遇两者要权衡比较，既要看眼前的待遇，更要看发展机遇，不要仅看待遇的绝对数（王文中，2014）。要学会用发展的眼光看待职业，不要仅将重心停留在当下。

四是要正确全面看待招聘企业的类型和规模。从表 3-2 中，我们能够看到规模大小的公司都存在着优缺点，需要毕业生根据个人实际，辩证看待。

表 3-2   大、小公司的对比

项目	规模	
	大公司	小公司
优点	规范的公司管理和企业文化；福利制度完善优厚；各种培训机会；对组织协调能力的锻炼	强调独立作业，可获得较多实战经验；有较大的参与事业以及个人发展的空间
缺点	繁文缛节多；组织庞大，运作不灵活；竞争激烈；工作范围狭窄、单调	公司风险较高；职务变动频繁；教育培训较薄弱
特点	注重发展潜力，愿付出精力培训员工	注重效率、技能、回报，喜欢有经验、可直接上手的员工

五是注意选择职业发展地域。许多毕业生在就业求职中，都会面临着选择在一、二线大城市求职发展还是三、四线中小城市就业的困惑。我们常说理性加现实等于广阔天地，对于工作地域的选择还是要结合个人的实际情况进行分析，切莫盲目跟风。对于毕业生而言，个人的家庭经济条件、学业成绩、专业方向、职业前景，以及个人的兴趣、志向等方面都是要考虑进来的。

三、科学就业观的形成

就业观是指对职业选择的基本看法和观点，它对人们的求职就业和怎样从事职业有直接影响。就业观作为人生观内容之一，它的形成是随着就业主体的成长逐渐形成的。对高校毕业生来说，求职不只是在找一份工作，还是在选择一项事业，选择一个能满足自己成就期冀的职业。适应当前的就业形势、及时转变就业观念、树立正确的就业观，对毕业生来说，不仅有助于正确就业，而且有利于参加工作后在岗位上施展才华。树立科学的就业观不是一蹴而就的事情，面对就业的各种机遇和挑战，毕业生要厘清思路、树立科学合理的就业观。

一是要先立志，后立业。职业的选择，首先取决于一个人的人生观。所以要先确定自己的人生志向、人生目标和理想。你的人生理想和目标究竟是什么？是贡献还是索取？这些直接影响你的就业观。进入职业生涯，从经济学角度讲，要达到"自负盈亏""扭亏为盈"，这样才

能谈得上今后的发展。这就要求我们通过辛勤劳动，在满足社会和他人的需求中获得自我发展需求的满足。

二是要保持良好的就业心态。在就业过程中，失败与成功都很正常，遇到挫折时，不妨把自己的"条件"降低一点试试，说不定很快就柳暗花明。一时学非所用，专业不对路，是很常见的现象。在这种情况下，应先勇敢进入非所学专业领域，在工作中继续学习，积累经验，也能有所成就。凡是有成就的人，都是一边工作一边学习，学习和工作两个轮子共同转动，才能更好地创造和实现自身的人生价值。

三是要脚踏实地，科学地进行职业选择。不要轻视平凡、普通和简单的工作，很多人都是在不断地学习，不断地进步，在平凡的岗位上干出不平凡的成就。毕业生要树立正确的职业认知，不要眼高手低，也不要不切实际去追求所谓的"铁饭碗"。要正确看待工作的稳定性和发展性之间的关系，以及薪酬待遇与职业前进之间的关系，根据个人的实际条件，做出科学的规划和发展选择。在多种经济成分并存的条件下，是只选考公、考编、进入国有单位，还是在广泛领域求职。毕业生应摒弃不同所有制成分的偏见，结合自身特点，选择适合自己的单位。

四是要明确目标，不断提升发展动力。对于求职者而言，受工作经验因素的制约，要想一开始就找到一份理想的工作，还有一定的难度，所以"先就业后择业"的观念对大多数人而言是比较适合的。要杜绝"不就业""懒就业"等现象。大学生群体对社会的认识有限，有的在校期间缺乏相应的职业规划，对求职的相关政策要求掌握不多，导致对就业持有悲观的态度，自信不足，很多时候会采取逃避的方式来面对毕业季，或者以"二战"为借口，逃避就业。毕业生在就业竞争中有自身独特优势，但为何仍有一些毕业生没有按时就业呢？一个重要原因是他们没有主动投入人才市场中去，而是被动地等待观望。正确的态度应该是主动进入，然后再在实际工作中随机调整。

五是要将个人发展融入社会发展中。树立理想、勇担责任，这是每个大学生应当具备的信念。人的思想认识、精神境界是有层次的，在就业观上也是因人因时而异的。每一个人应结合自身实际，在职业生活中不断奋发进取，逐步完善和升华。明智的就业观应当在发展变化中不断完善、补充，审时度势进行调整，集自我价值的实现和物质生活的满足于一体，并兼顾国家、集体、个人利益（沈晓，2013）。

47

祖力皮卡尔毕业后怀揣着改变家乡面貌的信念，2017年毅然放弃在上海的事业，返乡创立电子商务有限公司，以"助力优质农产品出疆，带动边疆群众脱贫"为使命，提供"绿色、优质、健康"的特色农产品，建立特有的商业模式，助力边疆优质"小特产"走进内地"大市场"，带动群众拓展销路、脱贫增收。在当地脱贫攻坚、民族融合、乡村振兴等方面做了大量工作，后来他的事迹先后被中央电视台、学习强国、新疆电视台等多家主流媒体报道。他坚守创业初心，扎根边疆、艰苦奋斗，积极促进民族团结融合，在祖国最需要的地方绽放着青春光彩。

第三节　就业困难毕业生能力提升

高校在帮助毕业生就业的过程中，应引导学生关注就业市场需求及学生自身职业、专业能力的培养。为此，高校及教师应引导学生树立正确就业观念并进行个性化职业技能培训、就业信息跟踪与反馈等，以提升就业困难毕业生就业能力。

一、技能的概念

（一）能力和技能的定义

能力是人们顺利实现某种学习或者生活任务的基础条件，它不仅包含了一个人现在能达到的水平，而且包含了一个人所具有的潜力。

技能是人们通过后天学习和练习而获得的能力，通常表现为某种动作系统和动作方式。

（二）技能的分类

美国心理学家辛迪·梵和理查德·鲍尔斯将技能按照层次划分为三个方面：专业知识技能、可迁移技能和自我管理技能。

1. 专业知识技能

专业知识主要是指需要经过有意识地学习与记忆的内容，这些内容常常与我们的生活或者学习直接相关。例如，大学学习的专业知识、参加过的培训、阅读的书籍等。这些技能可以通过在学校接受学习教育获得，也可以通过参加培训辅导和讲座研讨会、培养自己的兴趣爱好等方式获得。通常用名词来表示，如美术、计算机等。

2. 可迁移技能

可迁移技能是指人们所能做的事的通用技能，发生在生活的各个方面，是工作内外通用的技能，如参加过的社会实践、最突出的工作能力等。可迁移技能可以通过参与实践、实习培训、专业训练等方式获得。通常用动词表示，如沟通、创新、挑战等。

3. 自我管理技能

总的来说，自我管理技能就是人们所具有的帮助一个人更好地适应环境的技能，它是个人最有价值的资产之一，一定程度上影响着职业生涯成功与否，如个人优点、同事评价、明显特点等。自我管理技能一般可以通过提高自我认知、学习典型榜样、丰富业余爱好等途径获得。通常用形容词或副词来表示，如耐心、严谨、认真等。

二、优化知识结构

大学生在具备专业知识与技能的基础上，还需要重点掌握从事本专业领域实际工作的能力，具有良好的职业道德和敬业精神。

（一）基础知识

基础知识是指适应职业岗位所必备的文化知识和工具性知识，包括自然科学基础知识、人文社会科学知识和科学思想方法等。它是现代科学基础的理论支柱，是各门类、各学科大学生都应掌握的共同性知识。

基础知识是人类认识世界和改造世界的经验总结，对事物分析研究有着普遍的指导作用。它是知识结构的根基，是大学生的基本功。无论向哪个方向发展，不管在最终选择何种职业，都少不了扎实的基础知识。

（二）专业知识

专业知识是指适应职业岗位所必需的专业技术知识和最新科技信

息。它是人才知识结构的核心部分，既是基础理论知识的继续，也是培养学生适用所学知识解决实际问题或把实际问题抽象成理论的桥梁。例如，有的职业岗位要求必须取得相关的职业资格。

专业知识的精深程度影响着今后的实践、就业，以及发明、发现和创造性的工作。因此，学生要了解本专业的发展历史，吸收本专业的最新知识，甚至对本专业的边缘学科和可能出现的交叉学科也应有所涉猎。

（三）其他知识技能

现代各类职业都要求从业者的知识程度高、内容新、实用强，反映上述要求的一个很明显的例子是，目前用人单位普遍要求毕业生能熟练掌握一门外语和计算机技能（马胜凯和李志强，2003）。此外，毕业生若能掌握其他一技之长，也将增加其求职的成功率。

三、掌握科学的学习方法

只有掌握了科学的学习方法，学习才会产生事半功倍的效果。

（一）制订合理的学习方案

即根据自己的学习内容，确定学习重点，分清轻重缓急，科学分配时间。方案确定后，要经常结合自己的学习方案，进行自我检查和自我调节。

（二）养成课前预习的良好习惯

课前适当预习，带着问题听课，可做到心中有数。通过预习，可以培养学生较强的逻辑思维能力，巩固所学知识，并建立新旧知识的联系，还有助于提高自学能力、阅读能力和分析问题的能力。

（三）勤于实践

动手能力是知识转化为物质力量的重要保证，是实践型人才所必备的一种特殊技能。对毕业生而言，无论将来从事哪种工作，实践能力的强弱都将直接影响到实际的工作。毕业生求职过程中应注意克服重理论轻实践的倾向，加强实践学习，常动手，多实践，把理论与实践紧密结合。在教师指导下，积极参与实习活动，经常参加课外与校外实践活动和社会服务活动，强化劳动意识，广泛进行生产劳动活动。

四、必备的基本职业能力

总体而言，毕业生需要具备基础的职业能力有八个方面。

（一）实际操作能力

体现在操作的快捷性、准确性和灵活性上。要提高操作能力，关键在于多看、多练，熟能生巧。

（二）适应职业变换能力

在知识经济社会，职业变化必然加快，不断学习，适应职业变化，将被视为一种常规。人们将在职业生涯中多次变动职业。因此，大学生要具备一定适应职业变化的能力。

（三）适应社会环境能力

一个人适应社会环境的能力是其个人素质、工作能力的综合反映。一般地讲，一个人素质较高，各方面能力较强，就能很快适应环境，胜任工作。面对社会环境应积极主动适应，而不是消极、被动等待和屈服于困难。我们所说的适应能力，就是要同发展结合起来，要与创造联系起来。如果只讲适应，不思进取、不求创新，那么社会就不会进步，个人也不会成功。

（四）社会交往能力

此能力实际是指与他人相互协作的能力。一个人无论成就何种事业都不可能是个人行为，通常都是团队协作行动，要求每个人都要有较强的人际交往能力。培养良好的社会交往能力通常要从以下四个方面做起：一是要积极大胆地参与社会交往；二是要诚实守信，"人无信而不立"；三是要平等待人，要努力培养与人平等合作、团结共事的能力；四是要顾全大局，培养集体观念和大度性格，这是培养社会交往能力的前提。

（五）组织管理能力

高校毕业生毕业后不会直接走上领导岗位从事管理工作，但并不是只有领导岗位才用得到组织管理能力，每个人在将来的职场中都将学会运用与组织管理相关的能力。无论毕业生们最终从事什么职业，都需要具备与别人沟通合作的能力，这实际上就是组织管理能力的具体应用。

（六）创新意识和创新能力

创新意识和创新能力是一种高层次的思维反映和行动能力，它是以技能为基础并具有一定科学根据的创新。如果我们只会学习前人的东西而不会开拓创新，那么所学的知识就会变得毫无意义。

（七）收集处理知识与信息的能力

这一能力对于高校学生成长成才是极为重要的。一个人获取并吸收新知识的能力，主要体现在具有对文献查阅、资料检索、自主钻研的能力，熟练的外文阅读、语言交流及思辨能力，同时还要具备克服被动、迟钝的学习倾向，不断获取新知识的能力。

（八）决策能力

决策能力是指在面临多种选择时，能够及时果断地做出选择，并且是最优的选择结果。它可以使你少走弯路，以较小的代价获取较大的成功。高校学生在校期间，就要有意识地去培养自己的决策能力，在面对各种大大小小选择的时候及时果断地决策。

五、获得能力的方法与途径

一个人实践能力的发展程度，主要取决于自身的努力。

（一）积累知识

知识是能力的基础，勤奋是成功的钥匙。大学生不仅要掌握知识和技术，更重要的是要学会如何去学习。要尽可能地扩大自己的知识面，丰富自己的实践经验和阅历，从而使自己更受用人单位的欢迎。

（二）勤于实践

能力的培养是在实践中形成并得以体现的。大学生在校期间一定要积极参加各类社会实践活动，锻炼和提高实践能力。只要处处留心，始终都会有参加锻炼的机会。

（三）发展兴趣

兴趣是学习新知识新技能的动力，一般说来，兴趣爱好广泛的人，眼界会更加宽广，思维也更加开阔，容易从多方面得到启发和获得新思路，促进创造力的发展。

（四）超越自我

大学生可以注意发展自己的优势能力，但仅有优势能力是不够的，同时也要超越自我，注意发展自己的各种实际能力，这是以后生存和发展的需要。

六、毕业生应有的心理准备

良好的心态不仅可以促进高校毕业生们顺利毕业，而且有助于他们更多更好地发现就业机会，在就业后顺利适应职业环境。

（一）竞争

竞争是为了促进社会和个人的更好发展与进步。市场竞争日趋激烈，归根结底还是人才的竞争。现在的劳动力市场更需要具有竞争力的求职者，高校学生必须具备竞争心理与竞争能力，才能更好地在职场中站稳脚跟。

（二）合作与宽容

人可以自主地活着，但不能一个人活着。社会是在人们之间的合作中发展的，许多重大科学成就都是在合作中完成的。但是合作必须在宽容的基础上进行，一个宽容的集体不会不团结，一个合作与宽容的社会才是美好的社会，所以大学生需要培养合作与宽容的心态。

（三）长远发展

它表现为对社会形势的理性认识。没有人可以一步登天，问题是选择哪条路才会更接近理想，更符合社会发展需要。毕业生就业要有长远发展意识，把握未来职业发展的方向，做好长远发展的心理准备。

（四）承受挫折

就业中的挫折有时是由于期望值过高造成的。遇到挫折应该认真思考，而非失去理智形成沉重的心理负担，甚至导致人格障碍，引起严重的心理扭曲。第一，要正视挫折，客观看待，泰然处之；第二，要战胜或适应挫折，查找原因，尽力克服；第三，要敢于经受挫折的磨炼，多实践，锻炼自我。

（五）放弃从众

盲目从众容易失去自我。就业问题上表现为都想到大城市、大机关去工作。古往今来，大多成才者都具有很强的创造力和独立思维能力，力求摆脱从众心理的束缚。

（六）克服嫉妒

嫉妒是成长和成功的大敌。嫉妒心理是求职就业和人才成长的大敌。要同嫉妒告别，驱除自私杂念，开阔心胸是十分重要的。当代大学生要成为破除这种狭隘意识和行为的先锋，让知识开阔自己的视野和心胸，一方面要学别人的长处，另一方面还要进行公平竞争。

（七）摒弃虚荣攀比

虚荣心强的大学生往往不从发挥自身优势出发，不考虑自己的竞争能力。就业时应先考虑自身情况：我需要什么样的工作？我适合做什么样的工作？我能得到什么样的工作？经过冷静思考，才能选择属于自己理想的职业。事事攀比者，在求职中往往显得缺乏主见，自信心不足，易受他人干扰，把注意力过多集中到别人的就业取向上，这无异于逼着自己与别人同走独木桥。

（八）抑制怯懦

怯懦会妨碍水平发挥。由于大学生接触社会的机会少，走向社会后会表现出缺乏自信的现象，这必然影响其就业水平的发挥。如何克服这种心理？首先，要增强自信心；其次，不要过多计较别人的看法和评估；再次，要争取机会，迎难而上，多多锻炼；最后，要学会控制意念。

（九）克服自卑

自卑多见于自我意识不健全、性格内向或有生理缺陷的毕业生，在面对毕业求职时，他们会对前途感到茫然，害怕竞争。因此，为了顺利就业，必须克服自卑心理，敢于进行正常竞争。

七、个性化职业技能培训

量身定制的技能培训有助于培养专业化人员，使学生的专业与未来工作岗位的要求更加匹配。毕业生在家庭情况、学习情况、工作类型等方面存在较大差异。教师在开展技能培训时，应充分考虑这些因素，以确保学生的工作方向在各方面尽可能均衡。

例如，对于受心理因素影响的学生，教师应首先帮助学生克服求职过程的心理障碍，让学生明白就业是走向社会的必然过程，学生只有经历了各种就业问题后，才能更好地适应社会工作。对于一些家庭情况不好，急需落实就业的学生，教师的工作就是帮助学生明确自己适合什么样的工作，然后根据学生的选择进行有针对性的就业辅导、见习。对于就业需求不高的学生，教师要对学生进行就业愿景教育，帮助学生了解当前职业技能培训的行业发展趋势，洞察未来竞争性强的职业，并认真考虑学生的学习特点，鼓励学生自我监督，提高学生的综合实力。

八、就业信息跟踪与反馈

获取与工作相关的信息一直是影响学生就业能力的重要因素。很多学生往往因为缺乏相关的择业经验，对整个行业的实际情况缺乏全面的了解而不得不转行，结果进入职场后发现与自己的期望值差距很大。教师应充分综合各方面的资源，收集往届毕业生的信息，了解他们的工作单位、工作期间面临的挑战以及进入劳动力市场后遇到的困难，与学生分享。现在网络非常发达，微信、QQ等工具使人们之间的交流越来越方便。教师以这些交流工具为平台，在微信群和QQ群不定期发布相关的就业感悟。同时，为了帮助学生更好地了解就业相关信息，教师还可以应用各种分享交流活动，邀请往届毕业生分享交流自己的感受，让学生在问题面前畅所欲言，解答心中的疑惑。此外，教师还可以申请就业援助机制，基于学校与不同类型就业单位的关系，实时了解不同企业的用人需求，打通学生与企业之间获取就业信息、选拔人才的壁垒，让学生更好地选择工作。只有各相关方共同努力，才能使毕业生自身的就业能力和就业质量得到质的提高。

第四节　职业道德提升

有位企业家参加招聘员工的预备会，在分析人才综合素质时，意味深长地写下了一串数字：1000000。他用"1"表示健康的身心，6个"0"从左至右依次代表品行和敬业精神、阅历、情商、智商、学识、专业技能。他说，这一串数字是一个人素质的整体，每一个数字都是整体素质中不可分割的一部分。没有"1"，所有的"0"均失去意义和作用。6个"0"中少了任何一个"0"，其他"0"的作用就会大打折扣。但代表品行和敬业精神的"0"排在其他诸"0"的首位。

这位企业家的比喻说明"品行"和"敬业精神"是人才全面素质的基础，是从事职业活动的最基本的条件。一个人的良好职业品行和敬业精神应主要体现在对工作的高度责任感和强烈的事业心上。

一、职业道德教育的含义

道德是人类文明的结晶。假如一个人不讲道德，便失去了人的尊严和价值。在职业的大千世界，职业道德给人播下成功的种子，给人插上高飞的翅膀。

（一）道德的概念

我们所说的道德，是指人类行为和性格发展的准则，是规范个人与个人之间以及个人与整个社会之间关系的行为准则和规范。道德的最大特点是具体处理个人与个人之间、个人与整个社会之间的关系，注重个人与整个社会之间的利益关系（高丽和赵炜中，2012）。

职业作为人类社会关系的主要方面之一，涉及一定的道德基础和理由，与道德有着千丝万缕的联系。人们的道德观念渗透到职业活动中，规范和指导着职业活动。在职业活动中，人们会发生各种道德关系，承担各种道德义务，面临各种道德问题，并形成特定的职业道德规范。

（二）职业责任的概念

职业责任是指职业成员对社会、集体和服务对象所承担的社会责任和义务。由于专业和职业的不同特点，不同专业的职业责任和义务的形式也会有所不同，但在各种形式的职业责任中，一个共同的特点就是热爱本职工作，以娴熟的态度对待工作，尽职尽责地履行职责。

（三）职业道德的概念

1. 职业道德的定义

职业道德是随着社会职业的出现而产生的一种特殊形式的社会道德。长期从事某一职业的从业人员，由于具有共同的工作方式和共同的职业教育，因而往往也具有共同的职业兴趣、爱好、习惯和心理，从而形成特定的职业责任和职业纪律，共同的道德理想、道德信念和道德标准，形成特定的行为规范和道德规范，即职业道德。职业道德是社会公德的重要形式，是一个人的职业行为准则，或者说是职业道德标准的培养。党的十四届中央委员会第六次全体会议明确指出，社会主义精神文明建设的指导思想是：以马克思列宁主义、毛泽东思想和邓小平建设有中国特色社会主义理论为指导，坚持党的基本路线和基本方针，加强思想道德建设，发展教育科学文化，以科学的理论武装人，以正确的舆论引导人，以高尚的精神塑造人，以优秀的作品鼓舞人，培育有理想、有道德、有文化、有纪律的社会主义公民，提高全民族的思想道德素质和

57

科学文化素质，团结和动员各族人民把我国建设成为富强、民主、文明的社会主义现代化国家。此外，还强调了职业道德教育是道德培养的重要方面。

2. 职业道德的特点

职业道德是人们在职业活动中应遵循的一整套行为规范，包括道德标准、道德含义和道德准则。职业道德不仅是对从业者职业行为的规范和期望，也是职业对社会的道德责任和义务；每一个从业者，无论从事何种职业，都必须在职业实践中遵守职业道德。例如，教师的职业道德是教书育人，法官的职业道德是解决纠纷、维护正义。职业道德是特定职业生活中的一般社会道德，它具有鲜明的社会特征，更确切地说，其共性主要表现在职业性、角色性（陈喜林，2006）。职业道德总是明确表达职业义务、职业责任和职业行为的道德规范。它不是反映一般社会道德和阶级道德的道德要求，而是反映特定职业、行业乃至部门的具体利益要求，是由特定的职业实践形成的，因而往往表现为特定职业的道德传统和习惯，以及从事特定职业的人的道德心理和道德品质。例如，售货员的职业道德以提供良好服务而著称。这就要求从业者长期坚持职业道德，以从事职业活动，自觉或不自觉地养成职业习惯和以职业角色为基础的人格、气质、作风等。

二、大学生职业道德教育的基本内容

《公民道德建设实施纲要》指出："每个公民不论社会分工如何、能力大小，都能够在本职岗位，通过不同形式做到为人民服务。"该《纲要》指出："要大力倡导以爱岗敬业、诚实守信、办事公道、服务群众、奉献社会为主要内容的职业道德，鼓励人们在工作中做一个好建设者。"职业道德教育主要是对大学生进行以为人民服务为核心，以集体主义为原则，以爱岗敬业、诚实守信、办事公道、服务群众、奉献社会为主要内容的教育，使大学生在未来的职业发展中，按照职业道德要求和规范正确行使职业权利，履行职业义务并养成良好的职业习惯，不断提高自身素质，完善职业道德、人格和品质。

（一）集体主义

新时代大学生是中国特色社会主义事业的建设者和接班人，必须严格遵守社会主义集体主义的主流价值观，这是社会主义道德的基本原则，体现了国家、集体和个人利益的统一。

首先，必须强调集体利益的道德权威和优先地位。个人利益与集体利益的关系是以集体利益为基础的，当个人利益与集体利益发生冲突时，必须做到个人利益服从集体利益，局部利益服从整体利益，集体利益优先。

其次，必须强调个人利益的合理性和合法性。集体主义是个人利益与集体利益的相互联系，社会和集体必须努力考虑个人合法利益的需要，关心和充分保护个人合法利益，追求个人幸福。

最后，必须强调集体利益与个人利益的结合。个人与集体不可分割，个人利益与集体利益相互联系、辩证统一。集体主义道德规范强调个人与集体的和谐统一关系，强调相对集体利益在解决各种关系中的优先地位，但并不排斥个人的合理利益。

只有引导大学生践行集体主义价值观，才能科学解决个人与社会、个人与他人的关系，充分发挥大学生的积极性和创造性，使个人价值的实现与社会价值的实现相协调，使个人理想与祖国需要相联系，使个人成就感与社会共同发展的需要相一致。

（二）爱岗敬业

职业道德的基础是爱岗敬业。爱岗就是热爱自己的工作，热爱自己的职业；敬业就是尊重、认真、负责、奉献、自觉。认识自己的职业价值是一个复杂的领域，这是爱岗敬业的思想前提。全心全意、满腔热情地热爱自己的事业和职业，把干好工作当作最快乐的事情，这是爱岗敬业的情感基础。勤奋就是忠实地履行自己的职责，对自己的工作孜孜不倦地积极追求，这是爱岗敬业的具体体现。精益求精就是不断探索、不断创新，不断提高自己的工作质量和业务水平，这是爱岗敬业的必要条件。

爱岗敬业是中华民族的传统美德。在中国历史上，最早提出爱岗敬业的是孔子，他认为人和劳动都要有尊严和信念。人们应以正确的态度对待各种职业，热爱自己的职业和手艺，努力工作，感受职业责任和主人翁精神。这是集体主义思想在人生观、价值观和道德观上的升华。人们不仅要把职业看作谋生的手段，更重要的是要把职业看作人生价值的

59

体现。

（三）诚实守信

诚实守信是职业道德的基本原则之一，是处理各种社会关系的行为规范，诚实意味着言行一致、表里如一，没有虚假陈述；守信意味着信守承诺。在实践中，尤其是当前社会经济下的职业实践中，诚实和守信至关重要。

温州是我国个体经济发展初期的代表性城市，但过去温州名声不好，温州产品很难取信于人。然而，到了20世纪90年代，温州人觉醒了，假冒伪劣商品被严格铲除，温州物美价廉的商品使温州人再次赢得信任，温州人"发"起来了，温州也成为中国最早富裕起来的地方之一。

诚实守信适用于大学生的求职过程，诚实做人、恪守信用是为人处世的美德，更是从业者的道德标准。诚信具体是指做人要诚实，说话要诚实，做事要诚实。在就业活动中，诚实无欺这一道德规范要求就业者做到以下几点：做老实人，即在就业求职活动中，向用人单位求职必须真心诚意，大学生在面试时的自我评价问题上，必须做到实事求是，恰如其分，反对自我吹嘘和夸大其词；在自荐材料的准备上，必须做到真实、客观，反对弄虚作假和欺骗行诈。恪守信用，重信誉，守诺言。要言行一致，表里如一，说到做到，按照自己的允诺去开展相关的活动，履行约定，积极承担自己的义务，严格按约定的条款办事，通过诚信来谋求自己的职业岗位。

（四）服务人民

服务人民要求增强服务意识，提高服务质量，改善服务态度。这是因为社会主义的职业工作者，既是服务者，又是被服务者；既为别人服务，又接受别人的服务。因此，服务群众既是职业工作者应尽的义务，也是应享受的一种权利，"人人为我，我为人人"是社会主义社会一种高尚的职业风尚。

青岛海尔集团是改革开放以来迅速崛起的世界著名现代企业，他们的"让用户满意""真诚到永远"的服务理念是企业迅速发展扩大的重要原因。在市场经济条件下，服务群众的职业规范具有深刻的社会意义。

大学生就业观的建设，属于社会主义道德观建设的重要内容，既然社会主义道德要以为人民服务为核心，大学生就业也应当以为人民服务为核心。服务人民的就业观关系到毕业生的前进方向和道路，也关系到毕业生的前途和命运。

（五）奉献社会

奉献社会是职业道德的最高境界，即把自己的知识、才能、智慧等奉献给国家和人民，做出每一个职业工作者应有的贡献。在发展市场经济过程中，各行各业都涌现了无私奉献的优秀职工，但是也出现了诸如极端个人主义、拜金主义、享乐主义等的不良倾向，这些违反职业道德的思想和行为，必须坚决反对和纠正。迈向职业新生活的过程中，应该把无私奉献精神落实到爱岗敬业、诚实守信、办事公道、服务群众的职业实践中去。

奉献社会是一种全身心投入工作、全心全意为社会做贡献的态度，是为人民服务的最高精神。回报社会是人生的范畴，是职业道德的最高境界，培养无私奉献的精神，有助于遏制极端自私和享乐主义的蔓延。

在社会主义职业道德基本规范中，诚实守信是决定大学生职业行为的基本准则，服务人民是大学生的基本宗旨，奉献社会是大学生道德规范的最高层次。大学生只要心系社会，就能做到诚实守信、爱岗敬业、全心全意为人民服务。

三、努力提高职业道德修养水平

社会职业道德规范要变成一个人自觉的道德行为，一要靠外在的教育，二要靠内在的修养。如果没有职业道德修养，社会职业道德规范就不可能内化为一个人的职业道德意识和行为，社会职业道德规范也就变成无人接受的空洞说教。

（一）职业道德修养及其内容

职业道德修养就是指从业人员在职业生活中，按照一定的职业道德原则和规范，在职业道德意识和行为方面所进行的自我教育、自我改

61

造、自我锻炼和自我提高的活动过程以及达到的境界。其实质就是从业人员自觉学习职业道德知识、遵守职业道德规范，并把这些知识和规范转化为自己的内在要求和信念，形成良好的职业道德行为习惯。

职业道德修养包括两方面的内容：一是职业道德意识的修养；二是职业道德行为的修养。具体来说则包括"知、情、意、信、行"，即职业道德认识、职业道德情感、职业道德意志、职业道德信念、职业道德行为习惯五个方面的修养。

一是职业道德认识。这是对职业道德的原则、规范的了解和把握。它包括职业道德观念的形成和职业道德行为的评价与判断能力的提高。这是进行职业道德修养的起点，是培养职业道德责任感，形成良好职业道德品质的第一步。

二是职业道德情感。这是从业者对职业道德要求、职业道德义务所产生的各种体验、情感和态度。包括对高尚的职业活动产生的敬仰和尊重，对违反职业道德行为表现出的愤恨和憎恶。一个人只有从内心深处对职业道德产生深厚的情感，才能深化职业道德认识，并把这个认识转化为对善和正义的强烈追求。因此，陶冶职业道德情感，是职业道德修养的重要内容。

三是职业道德意志。这是从业者在履行职业道德责任和义务过程中表现出来的克服困难和障碍的能力和毅力。它是职业道德行为坚持到底的精神力量，也是职业道德观念内化为职业道德品质的重要内容。是否具有坚强的职业道德意志，是衡量职业道德素质的重要标志，而职业道德意志的提高只有在职业道德实践中经过反复磨炼才能完成。青年人由于社会阅历较低，意志力比较薄弱，更要重视职业道德意志的磨炼。

四是职业道德信念。这是从业者出自内心对某种职业道德义务的真诚信仰和强烈责任感。它是正确的职业道德意识、真诚的职业道德情感和坚毅的职业道德意志的有机统一，具有综合性、持久性和稳定性的特点。职业道德信念一经形成，就会对人们的职业行为产生巨大的支配作用，所以树立职业道德信念是职业道德修养的核心和关键。

五是职业道德行为习惯。这是从业者在一定的职业道德认识、情感、意志、信念支配下的自觉活动。它是构成职业道德品质最重要的因素，是衡量从业者职业道德水平高低的客观依据。职业道德行为在实践中持之以恒，就会形成职业道德行为习惯。形成良好的职业道德行为习惯是职业道德修养的最终目标。

总之，职业道德修养是知、情、意、信、行的辩证统一。这五者相互依存、相互影响、相互促进、和谐发展，从而形成一个人的良好职业道德品质。大学生走向职业生活的第一步，就要从现在做起，努力攀登职业道德修养的高峰。

（二）提升大学生职业道德的基本方法

任何人的职业道德理想、品质、习惯、修养都不是在短期内形成的，仅靠毕业前的短期教育难以达到目的，职业道德教育需要有科学有效的教育途径和方法，才能取得实效。为此，大学生职业道德教育应结合大学生的实际，针对存在的问题，不断创新教育方法。

一是课堂教育法。包括学习职业道德基本理论知识，重点是深刻领会职业道德原则和规范的内涵和要求，知道如何扬善抑恶等。学习一般科学文化知识，拓宽视野，更好地理解职业道德规则。对大学生进行职业道德教育，学校是主阵地，课堂教育则是主渠道。作为培养人才的基地，对大学生进行职业道德教育的目的性、方向性、计划性、针对性和可操作性培养，是其他教育途径所无法比拟的。各科老师应该充分适时地对学生进行职业道德教育。学习专业知识、技能，努力提高业务能力，更好履行职业职责，学习先进人物精神，丰富自己的精神世界，提高思想认识水平和行为选择能力等。了解古今中外仁人志士的思想和行为，升华大学生的思想境界，自觉地把对自己人生价值的认识与祖国和民族的命运联系起来，把大学生的爱国主义、集体主义和职业道德教育有机地结合起来。

二是实践教育法。在道德品质的形成过程中，道德良知是德育的出发点和基本要求，道德行动是德育的落脚点和最终要求。大学生的道德品质是在人与人、人与社会、人与自然的互动中形成和发展的，让大学生参与这种互动的实践中去感悟道德。社会实践是大学生思想政治教育的重要组成部分，应充分发挥社会实践活动在立德树人中的重要作用，强化实践思政教学，引领教育广大学生勇做担当民族复兴大任的时代新人，引导学生在社会大课堂中受教育、长才干、做贡献。充分利用寒暑假、双休日、劳动周，通过社会调查、学习宣讲、考察走访、岗位实习、志愿服务等方式，结合所学专业，解决实际问题，推动社会发展，厚植家国情怀，在社会课堂中受教育、长才干、做贡献。在实践中引导学生深入挖掘探索春节、中秋节等传统节日，非物质文化遗产，家风家训中蕴含的优秀传统文化基因，厘清中华优秀传统文化传承现状及发展意义，把具有当代价值的文化精神弘扬起来，树立坚定的文化自信。聚焦"三农"发展，赋能乡村振兴。鼓励学生聚焦乡村振兴的目标任务，围绕教育、产业、生态、乡村治理等方面开展实践调研，利用学科优势和资源助力乡村教育，发展乡村产业，改善基础设施，美化乡村环境，促进公共服务，提升乡风文明。

三是自我教育法。自我教育法，即引导大学生自觉联系自己的就业求职实践，严格解剖自己，克服缺点错误，通过不断的自我调节、自我激励、自我管理和自我修养，逐步达到自我完善。

四是情感陶冶法。如果说内省是一种较高层次的职业道德修养，那么"慎独"就是职业道德的最高境界。所谓"慎独"就是指在没有外界监督、独自一人的情况下，也不会做任何违背道德的事情。显然，"慎独"是锻炼一个人职业道德觉悟和职业道德意志的一种重要的修养方法，是检验一个人职业道德品质和功夫的试金石，也是从业者应努力达到的一种职业道德修养境界。尤其是面对物欲横流、灯红酒绿的各色诱惑，一个人要做到"慎独""克己"，就显得更加重要。长期以来，由于传统教育思想的局限，德育界对人的价值和地位问题重视不够，往往造成德育教学法重物轻人，或者居高临下的说教，没有充分考虑到人的独立人格和内在需求等因素。情感教育法必须针对学生的普遍需要，以学生为中心，尊重、培养和引导每一个学生的教育，通过积极鼓励、摆事实讲道理，循序渐进、有计划地帮助学生理解和进步，促进学生的道德发展和个人成就。

五是环境熏陶法。环境熏陶法主要是指其所处的校园环境的熏陶，包括校风、学风，甚至一桌一椅所体现的校园文化。优美的校园环境在一定程度上体现和反映了潜移默化的德育教育。要关注校园的人文景观，校园的一花一木、一砖一瓦、一石一桌、一椅一物都可以向大学生表达一种价值，给大学生以美的示范，都可以作为大学生德育教育的直观素材。另外，定期征集、展示以职业道德为主题的图片、诗歌、话剧、新闻、海报、宣传画等，潜移默化地对学生进行教育，以"润物细无声"的形式将职业道德理念灌输到大学生的心中，让大学生在良好的氛围中经受精神的洗礼，提高大学生的精神境界和人生感悟。在思想层面，感悟人生价值和生命真谛。

六是榜样示范法。主要是指通过榜样和典型的示范作用，将深刻的价值观念和抽象的职业道德规范具体化，引导人们向榜样看齐、向典型学习。这些正面职业榜样的精神境界、信仰、品质、情操以及他们的知识见解、职业态度等，都会对大学生的心灵产生潜移默化的影响。

第四章　就业指导与就业对策

第一节　就业方向及政策梳理

一、报考研究生

报考研究生的过程，主要包括确定报考学校及专业、选择学习资料、报名、初试、复试、录取及入学等阶段，每一个环节都关乎着考研的成败。近年来，随着考研热度的不断增加，报名人数也在呈直线上升趋势，《2023 年研究生招生调查报告》显示，截至 2023 年考研人数已突破 470 万人。在报考研究生的过程中，对研究生的设置、分类、报考条件、报考流程等，都应当有较为全面的认识，如表 4 - 1 所示。

表 4 - 1　　　　　　　　报考研究生的相关信息

项目		内容
硕士研究生考试设置	硕士研究生的设置	高等学校和科学研究机构招收硕士研究生，旨在培养热爱祖国，拥护中国共产党的领导，拥护社会主义制度，遵纪守法，品德良好，具有服务国家服务人民的社会责任感，掌握本学科坚实的基础理论和系统的专业知识，具有创新精神、创新能力和从事科学研究、教学、管理等工作能力的高层次学术型专门人才以及具有较强解决实际问题的能力、能够承担专业技术或管理工作、具有良好职业素养的高层次应用型专门人才

项目		内容
硕士研究生 考试设置	统考分类	（1）全国硕士研究生招生考试分初试和复试两个阶段进行。初试和复试都是硕士研究生招生考试的重要组成部分。初试由国家统一组织，复试由招生单位自行组织。 （2）初试方式分为全国统一考试（含联合考试）、单独考试以及推荐免试。全国统一考试的部分或全部考试科目由教育部教育考试院（原教育部考试中心）负责统一命题，其他考试科目由招生单位自行命题。 （3）硕士研究生学习方式分为全日制和非全日制两种。全日制和非全日制研究生考试招生依据国家统一要求，执行相同的政策和标准。 （4）硕士研究生就业方式分为定向就业和非定向就业两种类型。定向就业的硕士研究生按定向合同就业；非定向就业的硕士研究生按本人与用人单位双向选择的办法就业
报考条件 及流程	报考条件	（1）中华人民共和国公民。 （2）拥护中国共产党的领导，品德良好，遵纪守法。 （3）身体健康状况符合国家和招生单位规定的体检要求。 （4）考生学业水平必须符合下列条件之一： ①国家承认学历的应届本科毕业生（含普通高校、成人高校、普通高校举办的成人高等学历教育等应届本科毕业生）及自学考试和网络教育届时可毕业本科生。考生录取当年入学前（具体期限由招生单位规定）必须取得国家承认的本科毕业证书或教育部留学服务中心出具《国（境）外学历学位认证书》，否则录取资格无效。 ②具有国家承认的大学本科毕业学历的人员。 ③获得国家承认的高职高专毕业学历后满2年（从毕业后到录取当年入学之日，下同）或2年以上的人员，以及国家承认学历的本科结业生，符合招生单位根据本单位的培养目标对考生提出具体学业要求的，按本科毕业同等学力身份报考。 ④已获硕士、博士学位的人员。 在校研究生报考须在报名前征得所在培养单位同意
	网上报名	（1）考生应在规定时间登录"中国研究生招生信息网"（官方网址：https：//yz.chsi.com.cn，教育网址：https：//yz.chsi.cn，以下简称"研招网"）浏览报考须知，并按教育部、省级教育招生考试机构、报考点以及报考招生单位的网上公告要求报名。报名期间，考生可自行修改网上报名信息或重新填报报名信息，但每位考生只能保留一条有效报名信息。逾期不再补报，也不得修改报名信息。 （2）报名期间将对考生学历（学籍）信息进行网上校验，考生可上网查看学历（学籍）校验结果。考生可在报名前或报名期间自行登录"中国高等教育学生信息网"（网址：https：//www.chsi.com.cn）查询本人学历（学籍）信息。 （3）未能通过学历（学籍）网上校验的考生应在招生单位规定时间内完成学历（学籍）核验
	网上确认	所有考生（不含推免生）均应当在规定时间内在网上核对并确认其网上报名信息，逾期不再补办。网上确认时间由各省级教育招生考试机构根据国家招生工作安排和本地区报考组织情况自行确定和公布。考生网上确认时应当积极配合报考点工作人员，根据核验工作需要，按要求提交本人居民身份证、学历学位证书（应届本科毕业生持学生证）和网上报名编号等，由报考点工作人员进行核对

续表

项目		内容
考生调剂	调剂报名	待初试结束，教育部公布考生进入复试的初试成绩基本要求后，考生可通过"研招网"调剂服务系统了解招生单位的调剂办法、计划余额等信息，并按相关规定自主多次平行填报多个调剂志愿
	调剂条件	（1）符合调入专业的报考条件。 （2）初试成绩（含加分，下同）符合第一志愿报考专业在调入地区的全国初试成绩基本要求。 （3）调入专业与第一志愿报考专业相同或相近，应在同一学科门类范围内。 （4）初试科目与调入专业初试科目相同或相近，其中初试全国统一命题科目应与调入专业全国统一命题科目相同
录取及入学		（1）招生单位要在研究生招生工作领导小组的统一领导下，按照教育部有关招生录取政策规定及各省省级高等学校招生委员会的补充规定，根据本单位招生计划、复试录取办法以及考生初试和复试成绩、思想政治表现、身心健康状况等择优确定拟录取名单。录取工作要依法保护残疾考生的合法权益。 （2）被录取的新生，经考生本人申请和招生单位同意后可以保留入学资格，工作 1~2 年，再入学学习。录取为保留入学资格的考生纳入招生单位当年的招生计划。 （3）应届本科毕业生及自学考试和网络教育届时可毕业本科生考生，入学时未取得国家承认的本科毕业证书者，录取资格无效

资料来源：中华人民共和国教育部. 教育部关于印发《2024 年全国硕士研究生招生工作管理规定》的通知 ［EB/OL］.（2023 – 9 – 15）［2024 – 5 – 20］. http：//www. moe. gov. cn/srcsite/A15/moe_778/s3113/202309/t20230915_1080603. html.

二、申请出国留学

出国留学，通常指的是一个人去他本国以外的国家接受各种教育，可以是短期的，也可以是长期的。出国留学前应当做好充分的准备，收集好信息，确定自己是否符合出国留学的条件，熟悉申请流程、申请资格、关键步骤、学校选择等（见表 4 – 2）。

表 4 – 2　　　　　　　　　　　　申请出国留学的流程

自费出国的申请程序	申请流程	收集留学信息、选择学校→决定留学院校→签订委托协议书→准备入学材料，寄送到国外院校→获得国外院校入学许可文件（按协议交有关费用）→办理有关公证文（或办理因私护照）→准备签证申请文件→送交使馆签证申请文件→获得关于预签证通知书→将有关材料寄往领事馆→获得签证（按协议交有关费用）

自费出国的申请程序	资格条件	（1）必须通过正当、合法手段获得足够的自费留学经费。 （2）通过正当途径获得海外入学通知书。 （3）具备相应的外语水平。 （4）具有相应的学业成绩和学历证明。 （5）身体健康，品行良好
申请留学的关键	关键步骤	（1）申请入学。大学毕业生需要准备申请资料，包括申请表、各种证书、成绩单、推荐信、经济担保书等。 （2）申请护照。由申请人持入学通知书，向户口所在地出入境管理部门提出申请。申请出国出境时，应交验户口簿、居民身份证或者其他户籍证明、《申请表》及相应的证明材料。 （3）申请签证。申请人向所留学国家驻华使馆提出申请，提供因私普通护照和出（入）境卡及签证申请证明，直接到有关驻华使馆申请签证事宜
	选择学校	（1）选择学校直接关系到整个申请过程是否顺利，学校选择失误可能会使有着很强资质的申请人申请失败。 （2）在申请留学前，可通过书面资料或网站（如中国留学网：https：//www.cscse.edu.cn/）等查询有关出国留学的信息，全面了解和掌握国外学校的情况，包括学费、学制、专业、师资配备、学术地位等，特别是要对自己所选专业的未来就业前景有明确的把握

资料来源：https：//www.cscse.edu.cn/。

三、报考公务员

公务员是很多毕业生的就业首选，报考人数也在逐年增加。国家公务员考试是指中央、国家机关公务员考试，是国家、部、委、署、总局招考在中央国家机关的工作人员的一种方式，招考条件相对较为严格，一般均要求全日制本科应届、历届毕业生，部分职位要求硕士研究生和英语四级、计算机二级等条件。

国考报名、考试时间相对比较稳定，报名时间基本在每年的 10 月下旬，考试时间一般在 11 月份的第四个工作日进行公共科目笔试。专业科目的笔试一般在公共科目笔试前一天进行。各个地方的考试科目由地方自定，一般有笔试和面试，笔试包括行政能力测验和申论两个部分，面试则较为灵活，考察现场随机应变能力。

报考各类公务员考试不受次数限制，而且只要符合招考条件且时间上不冲突，可以参加不同省份、地方的公务员考试。在校生可以深入了解各地的国考招生政策，未满大四的学生应较早清楚国考的有关政策内容，做到未雨绸缪，不失为智者之选。具体报考流程如表 4-3 所示。

表 4 - 3 　　　　　　　　　报考公务员的流程

项目		内容
公务员考试时间及流程	报考时间	(1) 中央国家机关公务员一般在每年 10 月中下旬报名，具体报考时间可关注人力资源和社会保障部网站公布的信息，同时也应关注各类新闻媒体有关招录公务员的报道信息。 (2) 地方公务员考试时间则差异很大，而且每年报考时间会有一定的变动。此外，政府还会组织一些选调干部到基层的考试，有些部门还会单独招考，因此，大学生应当密切关注招考公告，或登录各省人事考试网了解报考时间、人数、职位、考试类别、资格条件等详情
	基本步骤	(1) 提交报考申请。报考者可于报名期间登录考录专题网站进行报名并提交报考申请，每次只能选择 1 个职位。报名时，应当仔细阅读诚信承诺书，提交的报考申请材料应当真实、准确、完整。报考者提供虚假报考申请材料的，一经查实，将取消报考资格，涉及伪造、变造有关证件、材料、信息骗取考试资格的，将按有关规定严肃处理。 (2) 查询资格审查结果。招录机关于报名期间对报考申请进行审查，确认报考者是否具有报考资格。报考者可登录考录专题网站查询资格审查结果。通过资格审查的，不能再报考其他职位。 对报考资格的审查贯穿录用全过程。在各环节发现报考者不符合报考资格条件的，均可取消其报考资格或者录用资格。 (3) 查询报名序号。通过资格审查的报考者，可于报名期满后登录考录专题网站查询报名序号，报名确认和下载打印准考证时需提供该序号，请务必牢记
	报名确认	(1) 通过资格审查的报考者，可于指定时间登录考录专题网站进行报名确认并缴费。逾期未完成网上报名确认并缴费的，视为自动放弃报考资格。 (2) 最低生活保障家庭人员可以直接与当地考试机构联系办理报名确认和减免费用手续。各省（自治区、直辖市）考试机构的咨询电话将于指定时间通过考录专题网站公布
	打印准考证	报名确认成功的报考者，登录考录专题网站打印准考证。如遇问题，请与当地考试机构联系解决
公务员考试内容及录用	考试（考察）内容	(1) 笔试内容。笔试包括公共科目和专业科目。 公共科目包括行政职业能力测验和申论两科。其中，行政职业能力测验为客观性试题，申论为主观性试题，满分均为 100 分，详见《中央机关及其直属机构×××年度考试录用公务员公共科目笔试考试大纲》。公共科目笔试试卷分为 3 类，分别适用于中央机关及其省级直属机构综合管理类职位、市（地）级及以下直属机构综合管理类职位和行政执法类职位。所有报考者均需参加公共科目笔试。 (2) 面试。招录机关负责面试实施，时间、地点等事项详见招录机关在本部门网站和考录专题网站上发布的面试公告。面试时，报考者须提供本人身份证件（本人有效居民身份证、学生证、工作证等）原件、所在学校或者单位盖章的报名推荐表、报名登记表等材料。凡有关材料主要信息不实，影响资格审查结果的，招录机关有权取消报考者参加面试的资格。报名推荐表、报名登记表等材料可从考录专题网站下载、打印。

项目		内容
公务员考试内容及录用	考试（考察）内容	面试结束后，招录机关通过考录专题网站发布报考者的面试成绩以及综合成绩。其中，未组织专业能力测试的，综合成绩按照笔试、面试成绩各占50%的比例合成；组织专业能力测试的，综合成绩按照笔试成绩占50%、面试成绩和专业能力测试成绩共占50%的比例合成
	体检和考察	（1）招录机关按照综合成绩从高到低的顺序，确定进入体检和考察的人选。个别参加面试人数与计划录用人数比例低于3∶1的职位，报考者面试成绩应当达到其所在面试考官小组使用同一套面试题本面试的所有人员的平均分或者招录机关在面试公告中确定的面试合格分数线，方可进入体检和考察。 （2）招录机关负责体检和考察实施。体检项目和标准按照《公务员录用体检通用标准（试行）》及操作手册执行。对身体条件有特殊要求的职位，有关体检项目和标准按照《公务员录用体检特殊标准（试行）》执行。涉及个别职位调整体检有关项目标准的，详见《招考简章》或者招录机关发布的面试公告。 （3）考察工作按照《公务员录用考察办法（试行）》有关规定进行。招录机关将采取实地走访、个别谈话、审核人事档案（学籍档案）、查询社会信用记录、同本人面谈等方法，了解考察人选政治素质、道德品质、能力素质、心理素质、学习和工作表现、遵纪守法、廉洁自律情况，以及是否具有应当回避的情形，身心健康状况，与招考职位的匹配度等情况，重点考察人选是否符合增强"四个意识"、坚定"四个自信"、做到"两个维护"，热爱中国共产党、热爱祖国、热爱人民等政治要求。部分中央一级招录机关实行差额考察。 （4）根据职位需要，部分招录机关将对报考者有关心理素质进行测评，测评结果作为择优确定拟录用人员的重要参考。公安机关人民警察职位，将对报考者有关体能情况进行测评，测评项目和标准按照《公安机关录用人民警察体能测评项目和标准（暂行）》等执行，体能测评不合格的，不得确定为拟录用人员

资料来源：国家公务员局. 公务员录用考察办法（试行）［EB/OL］.（2021－10－14）［2024－5－20］. http：//www. scs. gov. cn/zcfg/202110/t20211014_16344. html.

四、大学生参军

征集服现役的公民必须热爱中国共产党，热爱社会主义，热爱人民军队，遵纪守法，品德优良，决心为抵抗侵略、保卫祖国、保卫人民的和平劳动而英勇奋斗。征兵政治审查的内容包括应征公民的年龄、户籍、职业、政治面貌、宗教信仰、文化程度、现实表现以及家庭主要成员和主要社会关系成员的政治情况等。高校毕业生应征入伍服义务兵役，除享有优先报名应征、优先体检政审、优先审批定兵、优先安排使用"四个优先"政策，家庭按规定享受军属待遇外，还享受优先选拔使用、学费补偿和国家助学贷款代偿、退役后考学升学优惠、就业服务等政策，相关信息如表4-4所示。

表4-4　　　　　　　　大学生参军的相关信息

项目	内容
应征条件	根据国防部颁布的《应征公民体格检查标准》和有关规定。其中，有几项基本条件： 身高：男性160cm以上，女性158cm以上。 体重：男性：不超过标准体重的30%，不低于标准体重的15%。 女性：不超过标准体重的20%，不低于标准体重的15%。 标准体重＝（身高−110）kg。 视力：大学生右眼裸眼视力不低于4.6，左眼裸眼视力不低于4.5。屈光不正，准分子激光手术后半年以上，无并发症，视力达到相应标准的，合格。 内科：乙型肝炎表面抗原呈阴性等。 男性普通高等学校在校生为年满17~22周岁、大学毕业生放宽到24周岁。 女性普通高等学校在校生和毕业生为年满17~22周岁
具体流程	（1）网上报名预征：有应征意向的高校毕业生可在征兵开始之前登录"全国征兵网"（网址为 https：//www.gfbzb.gov.cn）进行报名，填写、打印《应届毕业生预征对象登记表》和《高校毕业生应征入伍学费补偿国家助学贷款代偿申请表》（以下分别简称《登记表》《申请表》），交所在高校征兵工作管理部门。 （2）初审、初检：毕业生离校前，在高校参加身体初检、政治初审，符合条件者确定为预征对象，高校协助兵役机关将《登记表》和《申请表》审核盖章发给毕业生本人，并完成网上信息确认。初审、初检工作最晚在7月15日前完成。 （3）实地应征：高校应届毕业生可在学校所在地应征入伍，也可在入学前户籍所在地应征入伍。 （4）组织高校应届毕业生在学校所在地征集的，结合初审、初检工作同步进行体格检查和政治审查，在毕业生离校前完成预定兵，9月初学校所在地县（市、区）人民政府征兵办公室为其办理批准入伍手续。政治审查以本人现实表现为主，由其就读学校所在地的县（市、区）公安部门负责，学校分管部门具体承办，原则上不再对其入学前和就读返乡期间的现实表现情况进行调查。 （5）在入学前户籍所在地应征入伍的，高校应届毕业生应于7月30日前将户籍迁回入学前户籍地，持《登记表》和《申请表》到当地县级兵役机关参加实地应征，经体格检查、政治审查合格的，9月初由当地县（市、区）人民政府征兵办公室办理批准入伍手续
毕业生参军的优惠政策	（1）优先报名应征。报名由县级兵役机关直接办理。夏秋季征兵开始前，县级兵役机关通知其报名时间、地点、注意事项等。确定为预征对象的高校毕业生，持《应届毕业生预征对象登记表》，可以直接到学校所在地或户籍所在地县级兵役机关报名应征。 （2）优先体检政考。体检由县级兵役机关直接办理。夏秋季征兵体检前，县级兵役机关通知其体检时间、地点、注意事项等。确定为预征对象的高校毕业生，未能在规定时间内在学校参加体检的，本人持《应届毕业生预征对象登记表》，可在征兵体检时间内报名直接参加体检。 （3）优先审批定兵。审批定兵时，应当优先批准体检政审合格的高校毕业生入伍。高职（专科）以上文化程度的合格青年未被批准入伍前，不得批准高中文化程度的青年入伍。 （4）优先安排使用。在安排兵员去向时，根据高校毕业生的学历、专业和个人特长，优先安排军兵种或专业技术要求高的部队服役；部队对征集入伍的高校毕业生，优先安排到适合的岗位，充分发挥其专长

资料来源：全国征兵网．征兵工作条例［EB/OL］.（2023-4-13）［2024-5-20］. https：//www.gfbzb.gov.cn/ssts/querybyid.action？item＝ZCFG_BYFG&artid＝817828215.

五、大学生志愿服务与国家就业项目

高校毕业生基层就业是其施展才华、成长成才的重要渠道，到基层就业可享受学费补偿和助学贷款代偿，高定工资档次，放宽职称评审条件等政策。高校毕业生还可参加"三支一扶"计划（支教、支农、支医和帮扶乡村振兴）、农村教师"特岗计划"、大学生志愿服务西部计划等基层服务项目，服务期满后可享受考研加分、公务员定向招录、事业单位专项招聘等政策，符合条件的还可参照应届高校毕业生享受相关政策（见表4－5）。

表4－5　　　　大学生志愿服务与国家就业项目的相关信息

项目	内容
大学生志愿服务西部计划	2003年，团中央、教育部、财政部、人力资源社会保障部根据国务院常务会议和全国高校毕业生就业工作会议精神，联合实施大学生志愿服务西部计划（以下简称西部计划），招募一定数量的普通高等学校应届毕业生或在读研究生，到西部基层开展为期1~3年的志愿服务工作，鼓励志愿者服务期满后扎根当地就业创业。 西部计划按照服务内容分为基础教育、服务三农、医疗卫生、基层青年工作、基层社会管理、服务新疆、服务西藏7个专项。西部计划2018年实施规模为18300人，其中包括2100多名中国青年志愿者扶贫接力计划研究生支教团成员。 截至2018年，西部计划已累计选派27万余名大学生志愿者到中西部22个省区市及新疆生产建设兵团的2100多个县市区旗基层服务。西部计划实施以来，综合成效明显。作为实践育人工程，引导具有理想主义情怀的青年人，通过火热的西部基层实践进一步坚定理想信念，锤炼意志品格，升华志愿情怀；作为就业促进工程，引导和帮助高校毕业生树立正确的就业观，并为他们搭建到西部去、到基层去、到祖国和人民最需要的地方去干事创业的通道和平台；作为人才流动工程，鼓励和引导东、中部大学生到西部基层工作生活，促进优秀人才的区域流动；作为助力扶贫工程，以西部计划志愿者为载体推动校地共建，引导高校资源参与到当地的脱贫攻坚工作中。 西部计划是国家重大人才工程"高校毕业生基层培养计划"的子项目，是引导和鼓励高校毕业生到基层工作的5个专项之一。党中央、国务院高度关心西部计划志愿者，高度重视西部计划和研究生支教团工作。习近平总书记曾多次作出批示或给志愿者回信，肯定志愿者们在西部地区辛勤耕耘、默默奉献，为当地经济社会发展、民族团结进步作出了贡献，勉励越来越多的青年人以志愿者为榜样，到基层和人民中去建功立业，让青春之花绽放在祖国最需要的地方，在实现中国梦的伟大实践中书写别样精彩人生

项目		内容
"三支一扶"计划（以山东省为例）	工作目标	深入贯彻落实习近平总书记关于"打造乡村振兴齐鲁样板"的重要指示精神，紧紧围绕建设高素质基层人才队伍的总体要求，坚持"扩大规模、改进管理、加强培养、提升质量、强化保障"的基本思路，确保在空岗空编的前提下，每个乡镇有2个岗位用于高校毕业生"三支一扶"招募计划
	主要任务	（1）聚焦乡村振兴，合理确定岗位需求。各市（指设区的市，下同）要结合实施乡村振兴战略、推进农业供给侧结构性改革等重点任务。充分考虑基层需要和编制岗位空缺情况，在确保"三支一扶"人员服务期满、考核合格、在原服务岗位聘用的前提下，做好基层服务岗位需求的征集工作。允许设有村委会的街道办事处参照乡镇在编制和岗位空缺额内招募"三支一扶"人员。要参照事业单位公开招聘相关规定和要求科学设置招募条件。 （2）严控招募范围，提高招募质量。招募范围原则上为28周岁以下省内普通高校全日制大学本科及以上学历毕业生，各市根据岗位特点和基层需求可适当将部分岗位学历要求放宽到专科。对于省委组织部等11部门《关于鼓励引导人才向基层流动的若干意见》明确的重点扶持区域，可按不超过50%的比例面向具有本地户籍或本地生源高校毕业生招募。取得高级工、预备技师职业资格的高级技校或技师学院全日制毕业生，可报考符合条件的岗位。各市在征集岗位过程中，对贫困边远地区、专业限制较高的岗位可予以合并。 （3）严把"入口关"，确保招募公平。要按照公开、平等、竞争、择优的原则，规范招募流程，实施"阳光招募"。坚决杜绝选人用人的不正之风。招募包括网上报名、笔试、面试、体检等环节，全省统一发布招募公告、统一组织报名、统一组织笔试、统一组织阅卷、统一公示拟招募名单等，各市自行组织面试、体检、考察等。各市可在全省招募公告、面试公告的基础上，就有关具体程序及事项制定补充通知。招募全过程参照事业单位公开招聘相关规定执行。各市要抽调精干力量，加强教育培训，准确把握有关政策，做好网上报名、资格审查、考试体检等工作。要耐心细致做好政策答疑，对不符合报考条件的人员，要依据政策加强正面思想引导，防止出现不良舆情。要严肃考试纪律，确保招募工作公开公正进行。对招募过程中违反操作规程、徇私舞弊、渎职失职的人员，依法依纪处理。 （4）强化教育培养，提升能力素质。各市要组织做好岗前等培训，强化理想信念教育，丰富培训形式和内容，帮助新招募人员尽快转变角色、适应基层工作。各行业主管部门要将"三支一扶"人员纳入行业人才培训对象范围。支持有条件的"三支一扶"人员积极参与开展网络帮扶工作，为返乡下乡创业人员提供必要的技术和信息支持。 （5）加强关心关爱，完善保障机制。各级教育、卫生健康、农业农村等部门和基层服务单位要关心关爱本系统和本单位内"三支一扶"人员，定期或不定期开展座谈、走访慰问等活动，密切与"三支一扶"人员联系，了解他们思想动态和工作生活情况，帮助

项目		内容
"三支一扶"计划（以山东省为例）	主要任务	解决实际困难，创造更多机会增强他们的成就感、归属感。各级人力资源社会保障部门要会同财政部门结合实际加大配套资金支持力度，按时足额发放工作生活补贴，全面落实社会保险政策，确保"三支一扶"人员在岗期间的工作生活补贴基本达到当地乡镇机关或事业单位从高校毕业生中新聘用工作人员试用期满后工作的收入水平。鼓励有条件的地方为"三支一扶"人员办理补充医疗保险，重大疾病、人身意外伤害等商业保险以及住房公积金，建立年度考核奖励机制。各地要按规定严格管理使用中央及省级补助资金，提高资金使用效益
大学生"村官"项目	项目概况	大学生村官工作是国家开展的选派项目。大学生村官岗位性质为"村级组织特设岗位"，系非公务员身份，其工作、生活补助和享受保障待遇应缴纳的相关费用由中央和地方财政共同承担。大学生村官的工作管理及考核比照公务员有关规定进行，由县（市、区）党委组织部牵头负责、乡镇党委直接管理、村党组织协助实施；人事档案由县（市、区）党委组织部管理或县（市、区）人力资源和社会保障部门所属人才服务机构免费代理，党团关系转至所在村
	招募对象与条件	选聘对象原则上为全日制本科及以上的学生党员或优秀学生干部。选聘的基本条件：思想政治素质好，作风踏实，吃苦耐劳，组织纪律观念强；学习成绩良好，具备一定的组织协调能力；自愿到农村基层工作；身体健康。选聘对象和选聘条件的具体规定，由省（区、市）党委组织部根据实际情况确定。 大学生村官选聘工作由省（区、市）组织人事部门定期、统一组织实施，或者由省、市两级组织人事部门共同组织实施。选聘工作一般通过发布公告、个人报名、资格审查、考试、组织考察、体检、公示、决定聘用、培训上岗等程序进行。由县（市、区）组织，人力资源和社会保障部门与大学生村官签订聘任合同，聘期一般为 2~3 年
	服务期间的待遇	(1) 新聘任大学生村官补贴标准按专科 2000 元每月、本科 2200 元每月、研究生 2600 元每月，并逐步提高。在艰苦边远地区工作的，按规定发放艰苦边远地区津贴（各省各地待遇不完全相同）。 (2) 大学生村官聘用期间，按照当地对事业单位的规定，参加相应社会保险，并办理重大疾病、人身意外伤害商业保险。 (3) 符合国家学费补偿和助学贷款代偿政策规定、聘期考核合格的大学生村官，其学费和国家助学贷款由财政补偿和代偿。 (4) 在村任职 2 年以上，具备选调生条件和资格的，经组织推荐，可参加选调生统一招考。 (5) 聘用期满、考核称职的大学生村官，经县级组织、人力资源和社会保障部门同意，可参加面向大学生村官等基层服务人员的公务员定向招录。 (6) 除实行职业资格准入和专业限制的岗位之外，县（市、区）、乡镇事业单位每年在公开招聘工作人员时，要拿出一定比例定向招聘服务期满、考核称职的大学生村官。

75

续表

项目	内容	
大学生"村官"项目	服务期间的待遇	（7）聘用期满、考核称职的大学生村官，报考研究生享受增加分数等优惠政策，同等条件下优先录取。 （8）被党政机关或企事业单位正式录用（聘用）后，在村任职工作时间可计算工龄、社会保险缴费年限。 （9）到西部和艰苦地区农村任职的，户口可留在现户籍所在地
	服务期满后的优惠政策	（1）鼓励留村任职工作。 任满1个聘期、聘期考核称职的大学生村官，本人提出续聘申请，经乡镇党委初审，县级组织、人力资源和社会保障部门审定，可签订续聘合同，继续留村工作，享受大学生村官待遇。续聘大学生村官纳入当年大学生村官选聘计划。 鼓励在实际工作中表现优秀、党员群众认可的党员大学生村官，通过党员推荐、群众推荐和乡镇党委推荐等方式，参加村党组织换届选举。到村任职工作一年以上的优秀大学生村官，可由本人提出书面申请，经村民会议或村民代表会议讨论通过，参加村委会换届选举。 担任村"两委"副职及以上职务的大学生村官，保留大学生村官工作、生活补贴，同时享受同级村干部补贴。任满1个聘期、当选村"两委"副职及以上职务、考核称职以上的大学生村官，可参加面向优秀村干部的乡镇公务员定向考录。任满2个聘期、当选并担任村"两委"副职及以上职务满一届、考核称职以上的，经省（自治区、直辖市）组织人事部门批准，可采取考核招聘的方式聘用为乡镇事业单位工作人员，根据工作需要可继续留村工作。 （2）择优招录公务员。 大学生村官可参加面向社会统一组织的公务员招考。 大学生村官聘用期满、考核称职，并经县级组织、人力资源和社会保障部门推荐同意，可参加面向大学生村官的公务员定向考录。面向大学生村官定向考录的公务员特别是乡镇公务员岗位，应达到当年考录计划的一定比例。 任满1个聘期、当选并担任村"两委"副职及以上职务、考核优秀、实绩突出、群众公认的大学生村官，可通过公开选拔担任乡科级领导干部；符合乡镇领导班子换届提名人选条件的，可按程序推荐作为换届提名人选。经选举担任乡镇党政机关领导人员或经公开选拔担任乡科级领导干部的大学生村官，在国家行政编制限额内按照有关规定进行公务员登记。 大学生村官在职2年以上，具备选调生条件和资格的，经组织推荐，可参加选调生统一招考。选调生主要从具有2年以上基层工作经历的大学生村官中招考，逐步实现选调生工作与大学生村官工作并轨。 （3）扶持自主创业发展。 建立健全党委政府引导、社会组织和企业扶持、市场运作相结合的工作机制，鼓励和支持大学生村官自主创业。通过政府支持、社会募集等方式筹集大学生村官创业扶持资金，创新金融服务方式，为大学生村官创业富民提供借贷、担保、贴息、补助等支持。 整合农业、科技、扶贫等有关部门的项目资源，发挥科研机构、

76

项目		内容
大学生"村官"项目	服务期满后的优惠政策	高等院校的智力优势，为大学生村官创业富民提供项目论证、技术指导和市场信息等服务。 鼓励和扶持大学生村官创办领办农民合作、科技推广、社会化服务等组织和实体。探索创新创业扶持模式，引导和鼓励企业、社会组织参与扶持大学生村官创业，以大学生村官创业带动社会青年创业。鼓励创业有成的大学生村官进入企业经营管理者、致富项目带头人、新社会组织负责人队伍，逐步实现自主发展。 （4）引导另行择业。 建立择优推介制度，引导服务期满的大学生村官通过人力资源市场自主择业，省市两级应每年举办一次大学生村官专场招聘会。 通过多种途径和形式，广泛宣传大学生村官优势和潜力，引导国有企业、金融机构、非公有制企业、社会组织等面向大学生村官招聘工作人员。 在县（市、区）、乡镇事业单位公开招聘中优先聘用大学生村官，逐步提高面向大学生村官招聘事业单位工作人员的比例。除实行职业资格准入和专业限制的岗位之外，县（市、区）、乡镇事业单位从大学生村官中招聘工作人员一般应达到当年招聘计划的一定比例。 服务期满、考核称职以上的大学生村官，经县（市、区）组织人事部门推荐，可转聘为街道社区工作人员、非公有制企业党建工作指导员或其他社会管理和公共服务岗位工作人员。 （5）支持继续学习深造。 鼓励大学生村官继续学习深造。服务期满、考核称职以上的大学生村官报考研究生，初试总分加10分，同等条件下优先录取，其中报考人文社科类专业研究生的，初试总分加15分。 离岗大学生村官自主择业前可免费托管人事档案、免费参加一期职业培训，3年内继续享受大学生村官创业扶持、报考研究生加分等优惠政策

资料来源：山东省人民政府. 2024 年山东省高校毕业生"三支一扶"计划招募公告［EB/OL］.（2024 - 4 - 8）［2024 - 5 - 20］. http：//www. shandong. gov. cn/art/2024/4/8/art_94237_10348276. html.

六、应聘国企和民企

企业吸纳高校毕业生就业，可享受以下优惠政策。

一是小微企业招用离校 2 年内未就业高校毕业生，与之签订 1 年以上劳动合同并为其缴纳社会保险费的，按其为高校毕业生实际缴纳的社会保险费给予补贴，不包括个人缴纳部分，期限最长不超过 1 年。社会保险补贴实行"先缴后补"。招用高校毕业生的小微企业，申请社会保险补贴向当地人社部门提供基本身份类证明（或毕业证书）复印件、劳动合同复印件等材料。人社部门审核后，将补贴资金支付到单位银行账户。对离校 2 年内未就业的高校毕业生灵活就业后缴纳的社会保险费，给予一定数额的社会保险补贴，补贴标准原则上不超过其实际缴费的 2/3，补贴期限最长不超过 2 年。灵活就业的高校毕业生，向当地人社部门提供基本身份类证明原件或复印件、灵活就业证明材料等。人社部门审核后，将补贴资金支付到申请者本人社会保障卡银行账户。

二是小微企业当年新招用符合创业担保贷款申请条件的高校毕业生等人员人数达到企业现有在职职工人数的 15%（超过 100 人的企业为 8%），并与其签订 1 年以上劳动合同的，可申请最高不超过 300 万元的小微企业创业担保贷款，由财政给予贴息。符合条件的高校毕业生可申请最高 20 万元的个人创业担保贷款，由财政给予贴息。合伙创业的，可根据符合贷款条件的合伙创业人数适当提高贷款额度。对 10 万元及以下的个人创业担保贷款，以及全国创业孵化示范基地或信用社区（乡村）推荐的创业项目，获得设区的市级以上荣誉称号的创业人员、创业项目、创业企业，经金融机构评估认定的信用小微企业、商户、农户，经营稳定守信的二次创业者等特定群体，免除反担保要求。

三是企业招用登记失业半年以上且持《就业创业证》或《就业失业登记证》（注明"企业吸纳税收政策"）的高校毕业生，与其签订 1 年以上期限劳动合同并依法缴纳社会保险费的，自签订劳动合同并缴纳社会保险当月起，在 3 年（36 个月，下同）内按实际招用人数予以定额依次扣减增值税、城市维护建设税、教育费附加、地方教育附加和企业所得税优惠。定额标准为每人每年 6000 元，最高可上浮 30%，各省、自治区、直辖市人民政府可根据本地区实际情况在此幅度内确定具体定额标准。毕业年度内高校毕业生、登记失业半年以上的高校毕业生，持《就业创业证》（注明"自主创业税收政策"或"毕业年度内自主创业税收政策"）或《就业失业登记证》（注明"自主创业税收政策"），从事个体经营的，自办理个体工商户登记当月起，在 3 年内按每户每年 12000 元为限额依次扣减其当年实际应缴纳的增值税、城市维护建设税、教育费附加、地方教育附加和个人所得税。限额标准最高可上浮 20%，各省、自治区、直辖市人民政府可根据本地区实际情况在此幅度内确定具体限额标准。

高校毕业生就职国企、民企主要可享受以下补贴（以济南市为例，见表 4 - 6）。

表 4 - 6　　　高校研究生就职国企、民企补贴（以济南市为例）

项目	内容
补贴对象、标准及期限	补贴对象是指济南行政区域内各类企业于 2017 年 1 月 1 日（含）后新引进的，全日制高等院校研究生毕业，并取得博士、硕士学位的人员，且符合下列条件： （1）在择业期内（毕业不超过 3 年）的； （2）与用人单位签订 3 年以上劳动合同，并正常缴纳基本社会养老保险的； （3）取得本市户籍的。 此处的企业，是指在济南行政区域内依法注册并纳税的各类企业及经济和社会中介组织。
	符合扶持条件的人员，自市人才工作领导小组办公室批准通过当年起，分别给予博士研究生每月 1500 元、硕士研究生每月 1000 元的租房和生活补贴，最长 3 年。 补贴资金由市与县区两级财政各按 50% 比例承担。市级所需资金从市级人才发展专项资金中列支，县区所需资金从县区级人才发展专项资金中列支。
购房补贴	博士、硕士研究生补贴一次性发放，标准分别为 15 万元、10 万元。夫妻双方均符合发放条件的，可分别享受，但享受总金额不得超过购房金额

资料来源：济南市公共就业服务中心．济南市就业工作领导小组办公室关于印发济南市支持高校毕业生就业创业政策（40 条）实施细则的通知［EB/OL］．（2022 - 10 - 19）［2024 - 5 - 20］．http：//jnhrss.jinan.gov.cn/art/2022/10/19/art_65775_4789394.html.

七、从事自由职业

灵活就业已成为就业的"蓄水池"与"缓冲器"，越来越多的大学生开始重视自由职业并将其作为自身的发展方向。根据全国高等学校学生信息咨询与就业指导中心数据统计，2020 届全国高校毕业生的灵活就业占比达 16.9%，2021 届高校毕业生灵活就业占比达 16.25%。《2022 大学生就业力调研报告》显示，18.6% 的毕业生选择自由职业，同比上升 2.35 个百分点。《2023 大学生就业力调研报告》显示，13.2% 的毕业生选择自由职业，同比下降 5.4 个百分点。

《中国灵活用工发展报告（2022）》蓝皮书中公布，2021 年中国企业采取灵活用工比例约 61.14%，与 2020 年的调研结果相比上升了 5.46 个百分点。企业采用非全日制用工、共享用工方式为毕业生开拓了新渠道、增加了就业机会。

从事自由职业的相关信息如表 4 - 7 所示。

79

表 4-7   从事自由职业的相关信息

项目	内容
传统的自由职业者分类	第一类是小本生意人，如个体零售店、小吃店、冲印店、装修公司老板等，大多是传统行业从业者，通过自我雇佣的形式获得经济收入。 第二类是没有底薪的推销员，如寿险顾问、地产经纪、广告中介、直销人士。 第三类是专业人士，如摄影师、专利代理人、律师、会计师、牙科医生、技术顾问、管理顾问、管道工、电工、理发师、艺术家等。而专业人才工作具有很强的独立性，自由地按照自己的方式做事，他们在某个领域被称为专家，其社会价值往往高于经济收入
新兴的自由职业者	（1）SOHO 族。SOHO 族（small office/home office）是指在家办公的自由职业者，如新生代的威客（Witkey，指那些通过互联网把自己的智慧、知识、能力、经验转换成实际收益的人），他们在互联网上通过解决科学、技术、工作、生活、学习中的问题，从而让知识、智慧、经验、技能体现经济价值。 （2）MORE 族。诞生于 20 世纪 90 年代美国硅谷地区 MORE（mobile office residential edifice）社区，也就是互动商务居住区，是从 SOHO 演变而成的全新社区概念。MORE 是 SOHO 族基于人性化的延伸，因此也被称为"后 SOHO 时代"，更体现人文精神。"家"的发展到此为止已经历了三代。第一代的家是传统的家，它是与工作完全脱离的，是为家人提供依靠的港湾，给人以温馨和安全感。第二代的家是 SOHO 式及 LOFT 式，以家为工作间的模式，是完全开放的没有隐私的家，便于客户来访、交流。第三代的家是与工作既脱离又关联的 MORE 区。即家人不但拥有工作间，而且各自拥有一片完全属于自己的空间，更加人性化，更多地渗入了温情，更多地关注人的需要，更多地与社会融合。这种更新的 1+1 居住模式将会在不远的将来取代 SOHO。 （3）MO 族。是移动办公（mobile-office）的英文缩写，是现代白领一种全新的工作方式。他们的装备豪华，居无定所，四海为家，随时随地都可以利用手中的手提电脑、移动电话等工具开展工作。他们的大部分时间都是在飞机、火车、旅途中度过的。他们是真正的"飘一族"。工作起来机动灵活，收入丰厚，充分地享受现代高科技带来的种种便利。作为新型的时尚群体，他们的浪漫，他们的飘忽，他们的匆忙，他们的成就，使其成为时下风光的一个工作群体。他们比 SOHO 族更占据时代优势，具有更广阔的发展前景
自由职业者的社会保障	国家为发展社会事业，建立社会保险制度，设立社会保险基金，使劳动者在年老、患病、工伤、失业、生育等情况下获得帮助和补偿。自由职业者可以充分享受这些社会保障。 （1）社会保险。自由职业者应该按照相关法律法规缴纳各项社会保险费用，以便享受国家普惠的各项社会保障。自由职业者缴纳社会保险费，缴费基数在人力资源和社会保障部门每年公布的上、下限标准内确定。 （2）养老保险。自由职业者按规定缴纳养老保险费后，社保机构根据本人缴纳的基数按比例为其建立个人养老保险账户，记入缴费年限，并核定《养老保险缴费手册》。 （3）退休条件。目前，自由职业者养老金领取条件为：男性年满 60 周岁，女性年满 55 周岁，缴费年限满 15 周年，其中实际按月缴费年限满 5 年

资料来源：中华人民共和国人力资源和社会保障部．人力资源社会保障部 国家发展改革委 交通运输部 应急部 市场监管总局 国家医保局 最高人民法院 全国总工会关于维护新就业形态劳动者劳动保障权益的指导意见［EB/OL］．（2021 - 7 - 16）［2024 - 5 - 20］. http://www.mohrss.gov.cn/xxgk2020/fdzdgknr/zcfg/gfxwj/ldgx/202107/t20210722_419091.html.

第二节 就业困难毕业生服务举措

一、就业困难毕业生精准帮扶的内容

（一）就业困难毕业生精准帮扶的概念

针对就业困难毕业生的帮扶，是针对学生经济状况，运用科学方法对高校就业困难毕业生进行有意义的分类，深入了解就业困难毕业生的就业需求，引入定向帮扶理念，采取有针对性的帮扶举措，促进高质量就业的过程。

（二）就业困难毕业生精准帮扶的由来

精准帮扶需要政策激励与内生潜力的有机结合，即需要正确处理输血与造血的关系。目前，我国对勤工俭学毕业生的帮扶主要采取经济补贴、就业政策宣传和就业指导等"输血"方式。

精准帮扶更注重个人主观能动性的发挥，更注重思想引导、心理辅导、能力提升和实际困难的解决，以解决就业困难毕业生的深层次需求，充分调动就业困难毕业生的积极性、创造性等内生动力，提高毕业生自我发展能力，发挥"输血"功能潜力，不仅要"教"，更要"帮""扶"。强化毕业生"造血"潜力，"授人以鱼"不如"授人以渔"。

（三）就业困难毕业生精准帮扶的个性化和系统化

现阶段，我国就业困难毕业生精准帮扶借助互联网技术和新媒体平台基本实现了分类管理，能够针对不同类别的就业困难群体提供差异化的帮扶举措。因此，精准帮扶应更加关注帮扶对象的差异化需求，建立"终身档案"，引入"量身定制"的帮扶理念。应采取有针对性的措施，确保完善帮扶计划，以人为本地开展就业帮扶工作。

就业困难毕业生针对性帮扶的系统性主要体现在以下四个方面。一是连贯性。帮扶人与受益人直接联系，以就业困难毕业生为重点。二是

全员参与。就业是最大的民生，就业帮扶工作要整体推进，上下联动，形成合力。高校毕业生就业是关系家庭幸福、社会稳定的大事，就业帮扶工作要统筹系统内外各种资源，充分调动社会、高校、家庭等各方力量共同推进。三是全过程。传统的就业帮扶集中在毕业前夕，严谨的就业帮扶举措应贯穿就业帮扶全过程。四是全面性。就业帮扶的内容是全面的，不仅要有就业政策宣传、就业指导等显性援助，还要注重就业困难群体的心理疏导、学业能力建设、就业技能培训等。

二、就业困难毕业生帮扶工作现状分析

2022 年来，人力资源和社会保障部、教育部两部门都会联合发布《关于做好全国普通高校毕业生就业创业工作的通知》，要求各地各部门重视高校毕业生的就业创业工作，并对就业创业工作提出指导性意见。

（一）帮扶形式较为单一

目前国家对于因家庭经济困难导致就业困难学生的关注较多，但各高校面对家庭经济困难学生的就业帮扶工作多侧重于物质资助，对核心就业能力提升等方面帮扶较少，帮扶工作多流于形式，帮扶内容不够深入。

（二）帮扶力量不足

目前，高校对于就业困难毕业生群体的帮扶工作主要由就业指导部门及负责学生工作的辅导员承担，专业教师和用人单位参与较少，帮扶力量不足。学工团队和就业指导部门对于专业、行业理解不够深入，造成帮扶渠道过窄，专业资源缺乏。

（三）忽视就业观引导

目前，多数高校对于职业生涯教育和就业指导的课程设置过于陈旧，不能及时更新教学内容，面对"00 后"学生职业观的理解还不够丰富，教学过程中说教多、引导少、实践少，对于启发学生内驱动力的能力还不够。

（四）精细化帮扶少

目前，大部分高校通过较为笼统的帮扶政策开展就业帮扶工作，但无法针对不同类型的就业困难毕业生开展精准帮扶工作，国家相关帮扶政策对就业困难毕业生群体的精准度还有待提高，相关数据不够精准，无法对不同就业困难毕业生群体进行深入分析和精准应用。

（五）帮扶工作滞后

多数高校一般在学生到了毕业年级时才开展大学生就业困难群体的筛选和帮扶工作，并进行相应的辅导和教学。这就导致大学生就业困难群体帮扶工作滞后，就业困难群体帮扶工作未能形成有效闭环，缺乏全程式、跟进式就业指导和服务，最终导致帮扶效果不理想。

（六）缺乏大数据思维

2013 年 11 月，《教育部办公厅关于编制发布高校毕业生就业质量年度报告的通知》发布。按照该通知要求，2013 年起，由各高校编制发布高校毕业生就业质量年度报告的编制工作为我们累积了不少关于就业困难学生的相关数据，然而高校对相关数据的运用还不完善，缺乏大数据思维。

三、高校就业困难毕业生帮扶对策建议

高校需要提高学生的就业能力，培养积极的就业态度，营造良好的劳动力市场和公平合理的竞争环境，更好地帮助就业困难毕业生就业。麦可思研究院发布的《2020 年中国职业院校本科生和研究生就业报告》显示，超过六成的 2019 届毕业生收到了工作邀请，但由于"薪酬偏低""个人发展空间不足""单位管理制度和文化不符合预期"等因素的影响，毕业生的个人就业意愿与社会就业意愿之间还存在较大差距。正因如此，高校的就业指导与定位显得尤为重要。

（一）优化就业困难毕业生资助工作

根据就业困难毕业生的现状分析，解决就业困难群体的就业问题仅

靠经济援助是不够的，还需要进一步优化高校相关就业资助政策，发挥政府资助政策的真正作用，促进就业困难资助的精准化和高效化。高校可以采取项目化管理的方式，要求就业困难毕业生以项目申报的形式申请相关资助。项目实施要求由就业指导教师担任项目导师，在项目实施过程中，要求受助学生做好职业生涯规划，完成相应的职业探索任务，并定期向导师和相关就业部门汇报项目进展情况，对相关院系学生的求职行为进行有效监督和评估，这样可以帮助高校在指导就业困难毕业生求职就业方面发挥促进作用。

（二）建立专业的就业指导师资队伍

目前，高校就业指导队伍较为单一，主要由就业处人员、辅导员和个别教师组成，教师的就业教学、咨询和指导能力参差不齐。针对这一问题，高校应根据实际情况，重点解决复杂问题和关键问题，将校内定期专题研讨与校外深度业务培训相结合，不断提高就业指导队伍的技能和素质。分批次、分层次对就业指导团队的培训师进行就业指导专题培训。通过开展就业工作教学以及职业规划师、国家职业指导师、就业指导课教学资格等培训考核，打造一支素质过硬的就业指导队伍，为学生服务。

（三）建立人员齐备的综合就业指导体系

目前，高校的就业指导工作体系建设大多还停留在学术队伍、专业教师上，用人单位参与较少，就业指导工作做得较晚，工作重心还在单纯的教学上，辅导工作较少。高校应意识到就业工作是高校工作的重要组成部分，将专业教师与就业指导工作相融合，与用人单位一起大力通过校企合作拓展劳动力市场，使就业指导工作关口前移，针对不同班级、不同人群开展有针对性的就业指导工作，真正形成"全员、全程、全方位"的"三全"就业指导体系。

（四）执行精准帮扶，发挥大数据优势

现阶段，高校对就业困难毕业生的帮扶仍采用简单的数据处理和人工管理，工作效率和时效性不足。建议高校有效利用学校学生数据库，对毕业生的专业、生源地、成绩、就业时间等数据进行分析提取，从不

同角度、不同层面查找就业困难毕业生群体是否存在内因，为职业设置和教育教学提供决策支持，实现对就业困难毕业生群体的精准帮扶。

（五）拓宽就业困难学生帮扶渠道

2020 年 2 月初，教育部、人力资源和社会保障部等部委联合发文，要求充分利用全国、地方和高校毕业生就业网络开展就业工作，实现高校毕业生就业信息共享和发布机制。同时，鼓励高校和用人单位加强信息化对接，打造共建网络平台，利用网络完成求职就业相关工作。教育部与智联招聘、前程无忧、BOSS 直聘、猎聘网、中华英才网 5 家覆盖面广、岗位与毕业生匹配度高的知名社会招聘平台合作，于 2020 年 2 月 28 日联合推出全天候、365 天的全方位就业服务，即"24365"全天候高校在线招聘服务。这要求高校需要开发相应的信息化服务，为面临就业困难的学生群体开辟帮扶渠道。

四、高校对就业困难毕业生的服务举措

（一）严格落实就业工作"一把手"工程

高校要强化问题导向，优化政策措施，在学生培养过程中加强职业规划、就业指导等过程性教育指导。在毕业生毕业和就业环节中开辟更多更好的就业创业岗位和机会，加强就业服务意识和分类指导，提升就业指导老师就业育人的工作水平，实现毕业生精准、充分、高质量就业。高校应广泛成立就业工作领导机构，党委书记、校长任组长。二级学院根据学科专业和毕业生特点成立学院就业工作领导机构，学院党委书记、院长任组长，副书记、副院长、学团干部、系主任、教研室主任为成员，全面推进就业工作。严格落实就业工作"一把手"工程，从上到下开展访企拓岗促就业专项行动，示范带动全校全员动员齐抓共管就业工作。校领导主动认领任务，确保工作部署到位、责任落实到位，充分发挥学校书记、校长以及校领导班子成员带头抓就业的示范作用，建立健全"招生、培养、就业、校友"四环联动机制和校院两级联动机制。广泛走访企业，明确责任人，积极发动人员广泛参与，扩大参与范围和走访的覆盖面。注重系统思维实现部门、学院协同推进，加大力

度实施就业困难毕业生的就业分类指导，着力提升毕业生就业竞争力，实现精准就业与更充分、更高质量就业的双重选择。学校就业指导部门加强统筹安排和指导服务，定期与学院会商就业工作，针对就业困难毕业生的特殊情况，结合专业特点、学生能力特长、就业意向，一院一策、一人一策进行工作调度、协调、指导。

（二）开展学校书记校长推荐毕业生活动

建立毕业生推荐长效机制。校党委书记、校长向用人单位介绍学校发展、学科建设、人才培养、校企合作、毕业生就业等情况，积极向用人单位推荐毕业生。各学院书记、院长通过视频推介方式介绍本学院专业建设、人才培养，为毕业生代言，积极邀请用人单位来校招聘毕业生，全力促进毕业生充分就业。

（三）深入实施访企拓岗促就业活动

为贯彻落实党中央、国务院关于高校毕业生就业工作的决策部署，结合工作实际，深入开展"访企拓岗"促就业专项行动，进行用人单位大走访、社会需求大调查、毕业生大跟踪，充分发挥了学校领导带头促就业的示范引领作用，确保毕业生充分高质量就业，进一步推动了制定并完善更加精准的就业政策和就业举措，进一步推动了学校深化教育教学改革、提高人才培养质量。

1. 用人单位大走访

通过充分调动教学、科研、校友等各方面资源，走访校友企业、行业龙头企业、重点合作企业，与相关单位建立了就业合作渠道。推动毕业生就业见习实践基地的建立，也为学生更好地见习实践、积累工作经验、了解岗位职责提供了良好的平台。

2. 社会需求大调查

坚持以社会需求为导向，借助调研，深度了解到各大用人单位对毕业生的知识、能力、素质等的要求，通过认真分析所在行业的发展趋势和当下人才需求形势，分析查摆学科专业设置、人才培养、就业服务等方面所存在的短板，同时充分吸收用人单位的宝贵意见与建议，为后续学科专业调整、人才培养方案制定、招生计划安排和就业指导服务等提供了坚实有力的依据。

3. 毕业生大跟踪

深入了解毕业生目前的工作情况、生活情况和发展情况，用人单位对毕业生的满意度，以及在思想道德品质、职业素养、专业能力等方面的反馈意见。

（四）建立长效机制，助力就业育人

教育部提出"要把就业教育、就业引导全面纳入大学生思想政治教育体系，多种形式开展就业育人主题教育系列活动。"在高等教育与产业深度融合发展的时代背景下，就业工作作为高校工作的重要部分和关键内容，对于发挥高校育人主阵地作用、实现大学生个人价值、满足社会用人需求至关重要，就业育人成效直接关系着高校人才培养质量水平。

1. 不断强化服务体系，发挥就业育人实效

根据就业工作的问题导向和需求导向，针对加强学生生涯教育、职业发展规划、就业服务提升和流程再造、就业市场拓展等问题进行调研和研究工作。

2. 强化基层就业引领

贯彻落实教育部 2017 年 4 月发布的《关于贯彻落实中央文件精神进一步引导和鼓励高校毕业生到基层工作的通知》的文件精神，激发、引导、鼓励广大青年学生坚定理想信念，赓续党的辉煌历史，高校则应注重毕业生思想政治教育，将毕业生思想教育工作与就业服务相结合，引导毕业生将个人理想追求融入现代化国家建设新征程，开展培训分类指导，以积极正向的价值为引领，鼓励毕业生到基层去，到祖国需要的地方去。

（五）开展"离校不离心，服务不断线"毕业服务

学校应为每一位毕业生建立就业情况档案，充分了解每一位毕业生的就业状况和就业需求，持续监测毕业生毕业后的就业情况，不断发布就业信息和岗位空缺信息。各地校友会和人社部门联合成立项目组，按照"一人一策"的方式，帮助有就业意愿但尚未就业的毕业生与招聘单位做好对接。打通协调沟通和服务渠道，及时回应和解决毕业生的需

求和诉求，帮助毕业生解决招聘过程中遇到的问题。继续探索创新，拓展就业资源，做实做细就业指导服务，精心锁定毕业生就业岗位。

（六）加强长效机制建设

从长远看，按照"立德树人"和"全员育人"的总要求，加快推进"高质量充分就业"，充分调动全体职工的积极性和主人翁精神。在充分调研的基础上，加快制定进一步加强就业工作的意见，加大对就业工作的支持和保障力度，加大学生职业生涯教育、职业规划教育和毕业生就业指导的实施力度，加大就业政策宣传、就业研究与应用、劳动力市场维护与开发等工作力度，提高毕业生就业能力，实现更加精准就业、更加充分就业、更高质量就业。

第三节　就业困难毕业生精准帮扶

88

一、政府搭建就业平台

（一）采取措施广泛提供就业岗位

一是采取积极的促就业措施。当前经济下行压力加大，政府要从对高校毕业生用人单位的帮扶入手，帮助中小微企业度过特殊的困难时期，使企业能够得到长期稳定的发展，从而扩大就业需求，保障高校毕业生就业。通过有针对性地制定经济政策，来帮助企业平稳地度过艰难时期。

二是直接帮扶经济困难毕业生。为高校毕业未就业或是失业的学生设立专项的救助资金，对那些短期内没有找到工作的人才给予一定的基本生活补助，这样才能让他们获得生活上的帮助与支持，并激励他们更好地去找工作。

三是提供用工优惠政策。激励企业积极帮助解决高校毕业生就业困难的问题，政府可以规定企业帮助人才就业能够减免部分应该缴纳的税额并给予金融贷款方面的支持，鼓励各类企业多渠道招聘高校毕业人才，为他们提供更多的就业机会与就业岗位。在企业招聘人才的时候给予一定的招聘补贴，让企业多向高校人才提供更多的就业机会。

四是鼓励企业开展网上招聘。运用现代科学技术来帮助企业将招聘流程变得简易化，从而提高招聘的效率。

五是提供多项便利服务。要颁布一些具有针对性的政策来延长高校毕业学生的有效就业时间，允许毕业生把档案留存在高校或人社局，给予毕业生更充足的时间去找工作。积极扶持创业人才市场，大力鼓励与支持高校毕业生进行自主创业，给予优惠政策来帮助学生更好地创业。设立专门的政策与措施对高校毕业生的创业之路进行保驾护航。现在经济市场逐渐趋向网络化，所以政府就可以面向与电商销售相关的电子商务企业以及物流运输行业的不同企业设置专项贷款，并以政府之名为创业者提供担保，让他们能得到贷款方面的支持，进而更好更快地发展（王燕和魏金普，2021）。

二、高校落实就业精准帮扶机制

（一）落实就业困难毕业生一人一策

高校要调动全部资源，整合全员力量，落实就业帮扶责任工作。对毕业生就业状况逐一摸底，全面掌握就业进展情况，紧密结合学生需求，制定切实可行的帮扶计划，为其提供相关就业信息、就业指导、就业推荐，帮助就业困难毕业生顺利实现就业。尤其对低收入家庭、身体残疾、心理抑郁等毕业生重点群体开展重点帮扶。针对城乡低保家庭、残疾学生、贫困残疾人家庭等困难家庭毕业生，进行精准摸排，结对帮扶，将贫困家庭的高校毕业生全面纳入就业帮扶，建立电子档案，使贫困家庭、零就业家庭毕业生全面就业到位，使有需求的其他贫困家庭毕业生全面帮扶到位，为就业困难毕业生提供求职创业补贴，激励困难家庭毕业生勤奋学习，帮助他们顺利就业。

（二）提前掌握调查准毕业生的求职意向

为充分做好就业准备工作，要提前做好往届毕业生所学专业的统计和数据分析，让即将毕业的毕业生对自己未来的就业前景有一个清晰的认识。同时，还可以在毕业生普查的不同时期，对潜在毕业生的求职意向进行多次调查，了解困难毕业生群体的具体求职意向，以便在相关用人单位发布实习、招聘、专场预赛等信息时，能够有针对性地进行双向指导。既向毕业生推荐工作，又向用人单位推荐毕业生。

（三）发挥校友帮扶力量

针对边远地区毕业生就业困难的问题，高校要善于发挥校友资源力量，及时发布优质的就业信息，专人负责帮扶这些地区的学生实现就业。当前，全球和国家经济形势的复杂性要求学校为毕业生的就业调动更多的资源。校友群体是宝贵的资源，应该好好利用。在为就业困难毕业生群体服务的过程中，学校要主动联系优秀毕业生，为他们与企事业单位牵线搭桥，帮助他们定位并最大限度地实现当年在学校的招聘计划。根据学生的需求和就业形势，有针对性地提出建议，并邀请优秀校友回到母校，为应届毕业生乃至正在为就业而苦恼的准毕业生提供切实可行的建议。

（四）提供信息帮助就业

高校要广泛开展线上线下相结合的服务促就业举措。将学校的就业信息网全面链接国家"24365"大学生就业服务平台。开展一站式就业指导、政策宣讲等全时化就业服务，引导高校毕业生尽快投身求职行动，尽早实现就业。校友组织、校友企业进行招聘对接，针对毕业生就业需求，邀请相关专家和校友召开国企央企、民营企业、基层就业、考研升学、出国深造等领域多场次就业指导讲座。强化信息传递渠道，不断加强就业工作信息化建设，充分利用QQ、微信、公众号等方式，及时发布就业政策、就业信息、就业技巧及招聘信息，搭建学生与企业交流平台，为广大毕业生答疑解惑。结合学科专业特色，主动对接以技术集成和商业模式创新为特点的新业态人才需求，充分利用平台经济、众包经济、共享经济、数字经济等新业态，支持鼓励毕业生实现多元化就业。

（五）提供心理辅导

高校要充分利用心理健康教育的学校、院系、班级三级健康网络，

90

将其灵活运用到班级工作、就业困难群体中，调动宿舍、班级心理委员、院系、学校相关部门的作用，关注特定学生的心理状态，及早发现问题，进行有效干预。通过 QQ、微信等网络咨询热线，及时提供心理帮助服务，做好特殊时期学生心理建设工作。以未就业毕业生、毕业落榜生、就业困难毕业生为重点，及时进行心理危机干预，可以降低毕业生就业焦虑，引导毕业生以积极的心态应对就业，达到良好的帮助和调节效果。针对大部分就业困难毕业生，应充分利用团体辅导、职业生涯规划、个别谈心等心理健康教育方式，营造积极向上的氛围，鼓励他们克服消极情绪，理性应对求职过程中的巨大心理压力，增强就业信心，保持良好的工作心态，从被动求职、应试走向积极主动，从而找到合适的工作。

（六）加强求职能力指导

对于求职困难的毕业生，学校相关院系应尽力为他们提供机会，通过开设就业辅导课程、讲座、求职分享会、模拟集体面试、模拟求职大赛等形式，让他们在求职过程中增长知识、提高能力、了解自身素质、确定求职方向，从而找到一份合适、满意的工作。

91

（七）开展就业价值观引导

高校要加强对学生的思想政治教育，引导学生树立正确的价值观，增强学生的使命感。就业指导不应仅针对毕业生，而应贯穿于高校学生培养的全过程。对学生的职业生涯规划辅导应推进到入学第一年，通过职业生涯规划课程、课程实习、专业实习等方式，提高大学生对社会的认知度，让他们尽早做好职业规划，积极为职业生涯做准备。在教学过程中，应加深对社会变化趋势的了解，将其与大学生就业能力联系起来，引导学生正确认识社会发展趋势和人才市场，加强专业技能的培养。同时，还要保证对就业迟缓学生的持续跟踪辅导，在就业信息、提高就业能力素质、心理辅导等方面提供充分的帮扶。

（八）指导学生开展实习实践活动

高校要为有需要的毕业生寻找更多的实习机会。通过在不同阶段开展不同形式、不同主题的互动实习，让实习的理念在学生心中根深蒂固。在低年级，重点是在表达与沟通、人际交往等方面有困难的学生，通过课堂、小组活动、校园文化活动等形式，锻炼他们的表达与沟通、人际交往等人力资源技能，提高他们的求职与就业能力。例如，学校就业部门开设就业创业辅导网络课程，有利于培养学生良好的就业创业观念，教师利用平台开展职业解读、职业测评、创新创业测评，与学生在线分享职业发展知识。

三、家庭教育中要强调责任教育

增加大学生家庭的社会资本可以增加他们受教育的年限，推迟他们首次进入劳动力市场的年龄，而缓慢的就业又进一步延长了家庭对大学生的支持。现在物质条件改善了，大学生并没有通过工作实现独立的迫切需求；相反，有些学生认为自己的家庭条件较好，不需要立即工作，牺牲大量的准备时间来换取微薄的工资显得很不值得。同时，随着经济上对工作依赖性的下降，对理想工作实现自我价值的重视程度也在下降，大学生的责任感相对缺乏，不仅缺乏照顾好自己的责任感，对家庭和社会的责任感也不在某些大学生的就业选择考虑之列。现代家庭教育模式在赋予大学生权利和自由的同时，忽视了对大学生的责任教育。因此，需要适度强调大学生的责任教育，增强大学生的责任意识。学校应积极与毕业生家长沟通，了解学生的就业意向和求职进展，通过建立学校、家长、毕业生三方沟通机制，让家长了解当前的就业形势，帮助学生树立正确的就业观念，鼓励子女积极参加各类就业活动。

四、发挥网络媒体的价值引导作用

大学生的价值观念深受网络媒体影响。随着自媒体时代的到来，网络媒体已经成为大学生获取就业信息的主要平台，同时也是大学生接触社会、增长社会经验的重要平台。有研究指出，48.5%的大学生认为自己的就业观受新媒体影响非常大或比较大，仅有10.7%的大学生认为自己的就业观受新媒体影响较小或不受影响（黎娟娟和黎文华，2023）。大学生认为新媒体严重地影响了他们对行业、薪酬、地域、职业理想的判断。在流量效应下，网络平台中经常曝出的"月入好几万"

"轻松创业"、网红的生活共享、互联网大厂"996"生活形态、"打工人不易"、考公考研热等诸多热点话题，会对大学生对于现实世界和工作的认知产生错误引导。在推高大学生对于职业预期的同时，往往会加重大学生对于职场的反感。如有学者指出，网络时代大学生思维呈现唯我化特征，即行为动机和价值判准都是自我指向的（姜永伟等，2022）。

第五章　就业实践与创业指导

第一节　就业简历

一、简历的概念和内容

（一）简历的概念

简历是求职者自己设计的有关个人的信息表，是一张能够简要说明胜任目标职位特征的一张表。它不是证书和经历的简单堆砌，而是求职者为实现求职目标对自我信息的凝练与升华，是针对一项岗位的个人说明书。所以简历虽"简"却"重"，在求职过程中扮演着非常重要的角色。简历的主要目的在于给潜在招聘方留下深刻印象，为求职者赢得一次面试机会，这是高校毕业生成功迈出求职之路的第一步。

一般来说，用人单位收到的求职简历堆积如山，人事主管在每份简历上花费的时间很短。无法吸引他们注意的简历很可能被忽略，永久沉睡在纸堆里。因此，"突出个性，与众不同"便是简历成功的法宝。

（二）简历的阅读对象

简历的阅读对象是招聘者。但是观察一下我们就会发现，有的同学是无形中把简历写给了自己，自说自话，完全不理招聘要求。有的同学把简历写给了老师，随便糊弄，应付了事。

在简历的制作中要尊重自己，尊重招聘者。人力资源部负责招聘，但他们并不负责使用被招聘者，也不具备专业素质的判断，他们只是负责筛选符合招聘条件的简历。

（三）简历内容

简历内容包括求职意向、教育经历、校园活动经历、实习实践经历、荣誉奖励、技能证书、爱好特长、自我评价等。值得注意的是，"求职意向"是简历内容中不可或缺的最重要的内容，简历中的校园经历、实习实践、荣誉奖励等都是围绕求职意向展开的，都是在充分论证自己如何胜任求职目标岗位的能力和优势。"求职意向"就好比毕业生在写论文时的"论点"，而其他内容都是论据，只有论据足够充分，论点才能立得住。

一般来讲，简历的内容应该包括以下几个方面。

（1）个人基本情况。包括姓名、年龄、性别、籍贯、民族、学历、学位、政治面貌、毕业时间等。以上内容用 1~2 个关键词简要概括即可。

（2）学校及专业情况。以便求职单位迅速了解你的学历背景，应突出学校的层级以及办学特色和专业特点。

（3）学习经历。主要是个人从大学阶段至就业前所获最高学历阶段之间的经历，如果有多段学习经历在填写时应该前后年月相接。学习经历应主要列出大学阶段的主修、辅修与选修科目及综合成绩，尤其是要体现与所谋求职位有关的专业科目。不必面面俱到，但要突出重点，有针对性，使学历、知识结构让用人单位感到与其招聘条件相吻合。

（4）实践、工作经历。突出大学阶段所担任的社会工作、职务，在各种实践活动中担当的工作。

（5）能力、性格评价。这种介绍要恰如其分，尽可能使专长、兴趣、性格与所谋求的职业特点、要求相吻合。事实上，这也是在印证个人的能力、性格。因此，前后一定要相互照应。

（6）求职意向。简短清晰，主要表明本人对哪些岗位、行业感兴趣及相关要求。

（7）联系方式与备注。如电话、邮箱等。

二、简历的制作

（一）填写基本信息

基本信息一般包括姓名、性别、年龄、出生年月、民族、籍贯、身高、体重、学历、联系方式、求职目标等要素。毕业生在编写简历时，一定要在明显位置写明自己的求职意向或目标职位。在简历制作之前，首先要考虑到求职意向在简历中的重要性。"求职意向"是简历内容中不可或缺的最重要的内容，简历中的校园经历、实习实践、荣誉奖励等都是围绕求职意向展开的，都是在充分论证自己能胜任求职目标岗位的能力和优势。

（二）目标岗位分析

在充分自我分析和澄清个人优势的基础上，也会逐渐明确自己的目标职业范围，接下来就是要进行目标岗位分析。应自我梳理学习期间的各项经历，包括专业学习、奖学金、奖励证书、校内活动及社会实践等，充分总结个人的能力（技能）和优势。美国心理学家将技能（经过学习和练习而培养形成的能力）分为三种类型：专业知识技能、自我管理技能和可迁移技能。

（1）专业知识技能：需要经过有意识的、专门的学习才能够获得，常常与专业学习或工作内容直接相关。通常用名词表示，如英语、美术、计算机等。

（2）自我管理技能：经常被看作个性品质，它的获得需要练习，可以从非工作领域转换到工作领域，是个人完成工作不可或缺的品质，也是个人最有价值的资产。通常用形容词或副词来表示，如耐心、认真、严谨等。

（3）可迁移技能：就是个人所能做的事，是个人最能持续运用和最能够依靠的技能。可以从生活中的方方面面，特别是工作之外得到发展，却可以迁移应用于不同的工作之中。往往用动词来表示，如管理、沟通、挑战、创新等。

目标职位要求应聘者具备什么样的能力，就是岗位分析的主要目的。我们可以通过招聘启事中的岗位要求和岗位职责进行判断，区分不同岗位对技能要求的侧重点。有些岗位对专业技能有较高的要求，如中小学教师则要求具备相应学科的专业技能和与专业一致的教师资格证书等；程序员岗位需要熟练掌握 JAVA、C＋＋软件等。有些岗位对可迁移技能要求比较高，如高校辅导员岗位通常要求具备较强的组织沟通能力、创新能力等。

（三）做好人岗匹配

人岗匹配是简历制作的核心。在自我澄清和岗位分析做好的基础上，制作简历时需要进行自我提炼、升华，找出自己匹配选定的目标岗位的优势，在简历中"对症下药"。要通过岗位分析，明确目标职位对招聘对象的能力要求。多项调研表明，用人单位招聘时主要通过简历查看求职者的能力素养和岗位要求的匹配度，匹配度越高，毕业生获得面试机会的概率就越大。因此如何做到在有限的空间里，最大限度地吸引招聘方的注意，这就需要把自己和求职岗位相匹配的能力和优势在简历中充分展示出来。

教育背景和实践经历是用人单位确定一位应聘者是否可以录用的重要指标。但并非所有的工作或实践经历都值得写进去，比如求职岗位是保险销售员，但实践经历却写在某奶茶店做奶茶、在某餐厅做服务员等，由于这两个岗位的专业核心能力不能迁移，这个实践经历会让招聘方感觉应聘者"不专业""涉猎广但不精"。工作经历主要是针对参加过工作的求职者而言，对于应届毕业生而言，在其求职简历中可省略此项内容，补充为自己的实习经历即可。

简历中实践经历的撰写可以参考 STAR 模式以细化实践内容：S 即 situation，实习背景；T 即 task，工作任务目标；A 即 action，为完成工作任务所展开的行动，所体现的能力；R 即 result，结果，即通过此次实践活动所取得的成果和经验。

（四）搭建逻辑框架

做好自我分析和岗位分析之后，就要开始搭建简历的逻辑框架。一份好的简历首先要逻辑清晰，重点突出。通常我们会在简历的前面 1/3 部分，即简历的黄金位置展示自己和岗位匹配度高的能力。比如，应聘的职位要求比较高的专业技能，就可以凸显专业竞赛、专业实习、专业技能、资格证书、科研经历、发表的学术论文等情况；应聘的职位要求比较高的可迁移技能，可以重点写学生干部经历、社团经历、校园活动或者相关的社会实践活动等。简历中整体逻辑框架的搭建和模块内部的罗列、顺序都要按照岗位匹配度的高低顺序罗列，匹配度越高的内容越需要放到黄金位置。不要拘泥于网上的模板，而应该根据内容的重要程度自行设计逻辑层次。

简历中还可以增加"其他"栏，以补充求职者的其他证书、爱好和特长。爱好和特长不宜过多，最好写两三点，并且要紧紧围绕求职目标来写，避免漫无目的地罗列自己的特长，也要尽可能避免那些与求职目标无关的特长。在符合求职目标的特长的表述中，不能只有笼统的说法，没有实例。例如，市场营销专业学生的自我评价是"口才好，思维灵活，踏实肯干"。这样的评价缺乏细节，言之无物，不能很好地体现求职者真诚、自信的态度，也达不到说服人力资源部的目的。

以往普遍出现的一个问题是，自我评价在简历填写过程中往往被忽视，同学们往往更重视对教育经历和实习经历的撰写。在学生看来，自我评价多为自嘲式的空话、套话，不需要任何佐证材料，可以随意自我评价。简历上的这些空话、套话过于主观，会引起招聘官的不满。因此，学生在撰写自我评价时，应认真关注招聘广告中的态度要求，并与大体简短的事实相匹配，体现出尊重用人企业愿景及其倡导的企业文化的态度。

（五）增强语言表现力

简历的整体框架搭建好以后，最后要加强简历的细节处理。一份好的简历除了逻辑清晰、重点突出外，还要做到用词精准，注意细节，要善于使用数字来增强语言的表现力，将成就和结果量化。例如，2020年下半年，担任英语家教，每周辅导 2 名学生各 4 学时，半年共计 128学时，两名学生期末考试成绩排名分别提高 10 名和 12 名；获市级志愿者标兵。

三、用事实和数字说明强项

举例：在简历上介绍个性特点，如自律、自信、谦虚、上进，工作踏实等，以及在简历上填写有良好的沟通协调能力，个人活泼开朗、乐观向上、兴趣广泛、适应力强、勤奋好学、脚踏实地、认真负责、坚忍不拔、吃苦耐劳等。

请问：招聘者从这些口号里可以获得什么样的信息？"本人性格如何如何，善于如何如何……"太主观了，像这样的话，在简历上还是少写为好。对于自己的实力，要用可以信服的事实去说明。应该从具体的事例中体现。比如你是细心的，告诉招聘者你怎么细心。

基于上述分析和指导，可以参考表5-1的求职简历模板。

表5-1　　　　　　　　　　求职简历模板

姓名	杨×	性别	男	年龄	22	照片
政治面貌	中共党员	民族	汉族	出生年月	×年×月×日	
最高学历	大学本科	毕业院校	××大学	专业	法学	
身份证号	370101××××××××××					
联系电话	130×××××××			微信或QQ	154×××××××	
电子邮箱	××××@×××.com					
家庭住址	山东省济南市历下区××街道××小区					
求职意向	××律师事务所实习律师					

教育背景

起止时间	学校名称	专业	担任职务
2019.9~2023.7	××大学	法学	班长

个人技能

外语水平	英语六级，雅思6.5分
计算机等级	计算机二级
其他	法律职业资格证书、基金从业资格证书

所获荣誉

获得时间	奖项名称
2022.9	在××大学获国家奖学金
2023.6	在××大学获"优秀毕业生"荣誉称号

工作（实习）经历
（1）2021年6月1日至8月25日，××律师事务所律师助理，帮助律师整理卷宗、补充材料、安排当事人谈话。参加小组讨论会，听律师梳理案情，详细记录每个案件的争议点及下一步处理方案，结合所学知识，为每场讨论会撰写会议纪要。作为律师助理，学会了如何立案，实习期间独立立案13件；掌握卷宗目录及每一项下的具体内容，实习期间整理卷宗32卷；熟悉案子从立案开始后的进程，实习期间跟踪案件8件。实习期间获得"优秀实习生"称号，锻炼了人际交往和沟通表达能力，真正将课本上的知识落实到实践中。 （2）2022年6月5日至8月25日，××市中级人民法院刑一庭实习生，帮助书记员和法官助理整理卷宗、打印材料、邮寄传票、跟随法官助理对犯罪嫌疑人进行询问等。在法院实习期间，整理卷宗11卷，旁听庭审15件，跟随询问20件。最终实习成绩为优秀。实习期间对刑诉的相关知识更加熟悉，了解了一个案子从立案开始之后的发展进程，真正接触了犯罪嫌疑人，对刑法有了更实际的认识
自我评价
律师之门，是神圣之门，是正义之门。本人思想端正，积极上进；在大学期间积极向党组织靠拢，大三成为正式党员；努力学习专业知识，并利用寒暑假的时间不断实习充实自我，将课本内容与工作实务相结合，提高自己的专业素养；责任感强，工作效率高，有较强的抗压能力。大学时期担任班长处理班级事务，组织班级学生参加学校文艺演出、体育竞赛等活动；在忙碌的学习、工作之余，考取法律职业资格证书、基金从业资格证书

四、简历的制作技巧

一个好的简历就像一个好的广告，必须在有限的篇幅中言简意赅地突出特色，以吸引招聘者的目光，给用人单位耳目一新的第一印象。

制作简历是一门艺术。它没有千篇一律的规律，求职者可根据自己的求职目标、招聘单位的条件和要求以及自己的强项和弱项等不同情况，注意有的放矢，展现优势，同时要简洁扼要，得体适用。可掌握以下技巧。

（一）瞄准目标，有的放矢

针对对方的要求，以简洁、明确的文字，表述出对方希望了解的内容。

（二）精心策划，重点突出

人岗匹配，简历中罗列的内容一定是既"简"又"重"，一定是与应聘岗位相匹配的。比如你曾经在报刊上发表过许多论文，可以按报刊的级别高低，排列你的文章次序；你获得许多奖，就应先写最高奖项等，以此来吸引对方注意力。

（三）主体突出，文字简洁

毕业生没有工作经验，重点应放在学业成绩，以及参与过的课外活动、实践、实习经历和能说明自己能力和知识水平的各种资格证书上。凡与主题无直接关系，且对方不需要了解的内容，尽量删除。

（四）措辞得体，表意适度

最好使用短语表意，以使简历短小精悍，通俗易懂，避免使用抽象空洞的言辞，以及带有强烈色彩的修饰语、个人理念的字眼及强调语，而应选用具体、明确的动词性短语、名词性短语和形容词短语。

（五）格式恰当，篇幅适宜

一般选用"表格式简历"较适宜，篇幅 A4 纸 1~2 页为宜。

（六）展示特长，显示潜力

一般先填专业方面的特长，对于特长较多的人，在填写时要有选择地填写。

（七）精心编排，美观大方

格式要精心设计，四周必须留出足够的空白，每行之间要有一定的空间便于阅读。各项的名称应使用较粗、较大一些的字体，以便与正文有所区别。简历表初稿完成后，可请他人提出意见和建议，然后定稿，校对无误后再复印使用。排版美观大方很重要。简历的布局要符合阅读习惯，统一字体和行间距，不要超过三种颜色，一页纸为宜，不要封面。避免低级错误。比如错别字、具有歧义的表达等。借鉴是有益的，抄袭是可耻的，我们必须在日常生活中牢记这句话。体现出认真负责精神，彻底消灭错别字。出现一个错别字，简历贬值 50%，出现两个错别字，这份简历就是张废纸，而且是有"毒"的。

（八）根据情况，张贴照片

如公关、秘书、外贸、导游等比较注重相貌的职业，一般应当贴照片。照片映贴免冠半身正面彩色照片。在发型、穿着、打扮上要视工作

101

性质而定。如果谋求的职业是艺术、公关、外贸等工作，在这方面就要讲究一些，以博取对方好的印象；如果是向学校、科研院所、政府机关、企事业单位求职，照片就要显得庄重、典雅、朴实。

第二节　就业招聘

一、面试的类型

（一）结构化面试

面试官根据事先确定的主题和程序，按照事先确定的模式向应聘者提出问题，应聘者逐一回答。此外，还有一些事先准备好的问题，由应聘者回答。结构化访谈因其形式简单、组织简便而应用较广泛。

（二）无领导小组面试

将应聘者分成几个小组，共同讨论、共同完成某项任务或做集体活动等。面试官根据每个人在集体活动中的表现，对应聘者的领导能力、组织能力、团队合作能力、创新能力、集体观念等进行评估。

（三）自由式面试

面试官和被面试者可以自由活动，在这种环境下，被面试者在面试时受干预较少，便于自由发挥，更全面地展现自己的真实水平。

（四）压力式面试

面试官有意识地给被面试者施加压力，或就某个问题提出一系列问题，或故意刁难甚至打击。总之，要使被采访者陷入被动应付甚至尴尬的境地，以考验被采访者的抗挫折能力、应变能力和心理素质。

（五）即兴演讲

受访者在预定的时间内，根据预先确定或开放的话题进行即兴演讲。通过这种方式，可以考查被面试者的语言表达能力、推理能力、应变能力等。

（六）模拟角色情景式面试

面试官现场模拟应聘岗位中的角色，考察面试者对应聘岗位的认识、理解程度。或者想象一个场景，应聘者在场景中扮演一个角色，完成一项任务，以考核面试者的反应能力、应变能力。

二、面试前的准备

（一）面试前要提前做好信息收集工作

了解目标单位的信息，对目标用人单位进行研究。比如，用人单位地理位置、生产经营状况、文化背景、发展前景、工作条件、福利待遇、对人才的重视程度以及对毕业生的具体使用意图等。

（二）整理好个人物品

带上必备用品。面试前，应把自己准备带去参加面试的文件包整理一番，学历证明、身份证、报名照、钢笔、其他证明文件（包括所有的复印件）均应配备整齐，以备考官索要核查。

（三）展现自己的良好形象

尽量避免让父母、朋友及其他亲戚陪同面试，以免给主试者造成一种信心不足、缺乏独立行事能力的不良印象。

（四）提前到达面试场地

在等候中注意观察该单位的办公室气氛。

三、面试中的行为礼节

（一）面试中注意事项

进入面谈办公室前，可以嚼一片口香糖，消除口气，缓和稳定紧张的情绪。待人态度从容，有礼貌。眼睛平视，面带微笑。说话清晰，音量适中。神情专注，切忌边说话边整理头发。手势不宜过多，需要时适度配合。

（二）仪表形象

1. 男士仪表

男士头发常清理，无异物、无异味，长度适宜慎染色，清洁卫生要牢记。西装以深色为主，衬衫以深、白色为主，领带与西服搭配和谐，袜子与衣裤搭配合理，鞋子黑色为佳。

2. 女士仪表

女士头发要注意，披肩长发要束起，盘头不可挡住眼，不染色、不怪异。裙子不能太短，衬衣不可太花，鞋跟不可太高，袜子不可太长，首饰不可太多，化妆不可过艳。

四、两种主要面试形式

综合这几年的就业形势来看，大多数单位往往采取笔试 + 面试的考核方式。其中，笔试多为公务员考试类型的题目，考查逻辑、语言、判断等，面试主要分为结构化面试和无领导小组面试两种形式。根据目前毕业生就业调查，大学生应试经验足，往往在笔试中表现优异，大多数大学生都是在面试环节惨遭淘汰。因此，下面将主要对这两种面试方式进行分析和比较。

（一）结构化面试

1. 结构化面试的概念

结构化面试是由一组考官与应聘者根据职位要求，按照规定的程序，使用特定的题库、评估标准和评估方法，通过直接的口头交流来评估应聘者满足招聘职位要求的一种方法。在这种面试中，面试官考查的题目都是在工作分析的基础上精心设计的与工作有关的问题，并针对这个问题匹配各种可能的答案，再根据应聘者回答的速度和内容对其作出等级评价。

比如，一群马托运货物，有的马走得比较快，有的马走得慢，于是主人把慢马身上的货物移到快马身上，结果快马也效仿慢马，走得也慢了。你怎么看待这种现象？

2. 结构化面试的流程

结构化面试分为设计、试题、实施、评价、结果五个环节，每个环节都是事先规定好的，里面需要求职者参与的只是实施环节。以公务员面试为例，考生要经历以下环节（见图 5-1）。

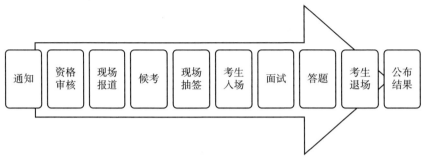

图 5-1　公务员面试流程

其中的每个环节流程都是固定的，例如到了答题环节，主考官只能按照既定程序宣读注意事项、题目和结束语，不会出现其他的提问。

3. 结构化面试的优点

这种面试形式的有效性和可靠性较高，相较传统的非结构化面试更加能够体现公平性。

一是所有参与面试的考生均在相同的规定时间内回答同一套考题，降低了因抽到不同题目导致难度不同产生的运气成分。

二是结构化面试减少了考生与考官之间的相互沟通，避免考生投其所好地做目的性回答，使得面试结果能够更真实地反映考生的实际能力。

三是面试的评分方式为去掉所有考官打分中最高分与最低分，有效降低了面试考官评分的随意性与主观性。

4. 结构化面试答题技巧

首先，要完成角色的转换。无论应聘者是刚刚走出校门，还是有过职场经历，都需要在面试中承担起面试官要求的角色，只有站在合适的位置，从相应岗位人员的角度去审视面试，才能真正达到面试的要求，完成求职面试。

其次，着装要符合岗位要求。相关研究表明，适当的自我介绍可以在他人眼中树立良好的形象。面试时积极的自我介绍可以增加被录用的可能性。得体的着装不仅能展现自己的精神面貌，准确反映自己的身份，还能获得他人的青睐和认可。求职面试的正式性和庄重性，再加上竞聘职位的某些特殊性质，例如公务员岗位自带的公共服务性，都要求应聘者的着装正式庄重，体现在职人员的相关素养。根据一年中的时间和天气条件，面试时选择合适的着装，更细节的职业礼仪将在下一节详细讨论。总之，着装风格必须符合应聘职位的要求，不仅要自然，而且要得体、阳光、干练。

再次，合理把控面试时间。结构化面试一般由 3~4 道题组成，时间一般为 10 分钟，在这有限的时间内，每道题都需要完成审题、思考、答题等工作，因此在时间上建议应聘者：一是审题时间控制在 1.5~2 分钟内比较好，如果超过 3 分钟，会使面试陷入过长的安静中，不仅会打乱面试的节奏，也会加剧应聘者的紧张感。而且如果前期占用太多时间，在作答时可能只是浅尝辄止，没有富余的时间阐述自己的思考和答案。二是可以简单写下每个问题的答题要点，每个要点可以只用几个字概括。三是如果没有明确规定禁止，尽可能自己戴手表入场，因为不是每个面试室都有钟表，在回答每个问题的过程中注意自己的时间控制，不要为了一个问题打持久战。

最后，自信答题。能从笔试进入面试阶段，足以证明考生具备一定的实力，而这种实力要在面试过程中充分展现出来，避免因为面试环节的紧张或是不自信而影响了面试官对自己的整体评价。敲门获准进入面试室后，礼貌地向考官问好，并按考官的指示就座。在回答问题的过程中也可以多次与考官进行眼神交流，从中间的考官开始，与每位考官对视 1~2 秒钟，最后回到主考官。语速要适中，回答问题要有逻辑、简洁、清晰、果断。回答完所有问题后，向考官致谢，并在指导老师的带领下安静离开考场。

（二）无领导小组面试

1. 无领导小组面试的概念

无领导小组讨论面试，又叫"群面"，是面试中经常使用的一种测评技术，其采用情景模拟的方式对考生进行集体面试。它通过给一组考生一个问题，让考生们进行一定时间的讨论，来检测考生的能力和素质，由此来综合评价考生。

无领导讨论采用情景模拟的方式对考生进行集体面试，没有事先指定由谁来组织或领导，领导者随着讨论的进行逐步产生，因此无领导小组讨论是指由 6～8 人组成一个临时小组，在不事先指定主持人的情况下，给定一个具有针对性的题目来引发小组自由讨论，并最终形成一致意见，面试官则在旁边观察和记录整个讨论过程，通过考生在给定情景下的应对危机、处理紧急事件以及与他人合作的状况来判断该考生是否符合岗位需要，从而筛选出理想人选。

目前，世界 500 强的企业中 80% 的企业在高级人才招聘或是职务竞争上会使用无领导小组讨论的方式。对于公务员考试来说，无领导小组讨论的方法仅次于结构化面试方法，大有超过结构化面试方法成为首选面试方法的趋势。

2. 无领导小组面试的流程

一般无领导小组讨论的流程分为准备阶段、面试阶段（分组→入场→开场→自我陈述→自由讨论→总结陈词）、附加阶段。

3. 无领导小组面试的考察因素

由于小组是临时拼凑的，并不指定谁是负责人，不指定发言的先后顺序，也不提出诸如积极主动、观点清晰、逻辑严密之类的其他要求，只是要求他们根据给定的背景材料，就某一主题进行自由讨论，要求小组成员在规定的时间内形成一致意见，最后汇报给评价者，所以它的目的就在于考察应试者的表现，尤其是看谁会从中脱颖而出。在无领导小组讨论中，或者不给应试者指定特别的角色（不定角色的无领导小组讨论），或者只是给每个应试者指定一个彼此平等的角色（定角色的无领导小组讨论），但这两种类型都不指定谁是领导，也并不指定每个应试者应该坐在哪个位置，而是让所有受测者自行安排、自行组织，评价者只是通过安排应试者的讨论题目，观察每个应试者的表现，给应试者的各个被评价要素评分，从而对应试者的能力、素质水平作出判断。无领导小组讨论主要是考察被评价者的领导才能，评价者可以从以下几个维度方面对被评价者的领导力进行评估打分：语言表达能力、组织协调能力、决策能力、沟通能力、应变能力、创新能力等，也可以考察被评价者的一些个性特征如：自信心、热情度、内外向、情绪稳定性甚至是个人魅力等。

4. 无领导小组面试答题技巧

前期的准备和面试结束后的退场与结构化面试一样，可参照结构化面试答题技巧。这里着重介绍在无领导小组讨论中，如果想脱颖而出，需要注意以下四个技巧。

一是发言积极主动。大家往往倾向于在小组中占据领导者的角色。在面试过程中要勇于表达自己的观点，但也不要急于抢先，反而可能弄巧成拙，可以先倾听别人的发言，留取对自己有用的信息，取他人之长补自己之短，等到自己回答问题的思路和内容成熟以后再进行表达，最终达到始于他人又高于他人的成效。

二是奠定良好的人际基础。在讨论开始后，当对方表达与你相悖的观点时不要急着反驳，要耐心聆听、理解对方，对方表达完毕后再发表自己的不同意见，且不要掺杂个人感情，注意控制语速和语气，尽量平和，让对方愿意去接纳你，这样言行举止得体的你无形中就能获得众人赞同，甚至可以成为超越矛盾界限、沟通双方意见、把控全局的关键人物。

三是巧妙处理冲突。无领导小组面试的特点就是每个面试者针对相同的题目一定有自己不同的看法，不同的意见碰撞在一起，一定会产生冲突，这也是考察应聘者处理冲突以及人际交往的能力。在讨论中发生观点冲突时，不要急着强硬地反驳别人的观点，而是使用先肯定后转折的技巧来进行讨论。如果你不同意对方的观点，可以先部分肯定对方的想法，然后再委婉地针对几个方面表达不同意见。这种做法更容易被对方接受，不仅能让自身摆脱难以反驳的困境，还能让对方更轻松、平和地接受自己的立场。

四是抓住问题本质。对于整个问题要透过表象看本质，提炼关键点，然后围绕关键点展开论述讨论。讨论的时间有限，因此语言表达要言简意赅，在发言过程中做到言语精练，不仅能增强语言说服力，而且最重要的是避免全场自己一个人说个不停，影响他人发言，造成讨论秩序混乱。

五、面试要注意的问题

1. 没有时间观念

是否能够按通知要求按时到场是给考官留下的最直接的第一印象，应聘者无论迟到多久，哪怕是几分钟，都会给人留下时间意识淡薄的不良印象。考官一定不喜欢时间观念差的应聘者。为了保险起见，最好提前 5～10 分钟到达，如果不能准时到达，应提前告知对方，以便对方调整时间或安排另一场面试。

2. 称呼考官不当

直呼考官姓名肯定不会给考官留下好印象，一个没有礼貌的人是很不受欢迎的，更何况是在企业招聘中。因此，正确称呼不仅是基本礼貌，也是应聘成功的要素之一。

3. 不注重细节

不注重细节是应聘者参加面试最大的忌讳之一。大到回答考官提问的问题，小到握手的力度、与考官座位的距离，面试者都要做到恰到好处，否则会给自己带来负面影响。绝对不能轻易卸下警惕，因为考官有意识地表露出来的"仁慈"，是鼓励考生暴露弱点的最好武器之一。面试时要注意不要让自己的小毛病暴露出来。如果真的出现了，应及早停止并尽可能地做一些补救措施。

4. 愤世嫉俗的态度

遵循这种态度，结果会不言而喻。如果你觉得社会对你不公平，那就找朋友和家人倾诉，最好是你信任的心理医生，千万不要去找主考官。任何用人单位都更愿意接纳积极开朗的人。

5. 没有目光的交流

考官可能会认为你在面试时注意力不集中，缺乏耐力。面试时一定要自然地看着对方，但不要直视对方。眼睛是心灵的窗户，真诚、自信、自然的目光可以增加对方的信服感。

6. 粗俗的语言

有些人的语言习惯常常会冒犯他人或使他人尴尬。也许他们并无恶意，只是把"国骂"或是某些方言粗话当作口头禅，这样的言语很显然不符合面试场合的严肃性、庄重性，也会使得面试官感觉不被尊重，所以面试中千万不能出现这样的致命性问题。

7. 答非所问

现在的大学生大都见多识广，自认为很聪明，但有时会聪明反被聪明误。一般来说，考官问你问题时，他希望你有一个明确的答案。清晰的答案会给人留下有思想、有主见、有活力的印象。如果遇到一个很棘手或自己根本不会的问题，最好实话实说，诚实地回答这样的问题至少会让考官觉得应聘者很真诚，不油嘴滑舌、满嘴跑火车。

8. 欲速则不达

在面试中匆忙回答没有听清或没有理解透彻的问题，而不是礼貌地请对方重复或重新解释，会导致"欲速则不达"。

9. 没有正确对待错误的态度

面试谈话，难免因为紧张而出错。此时，不要因为一时的失误而沮丧。最重要的是克服自己内心的恐惧和自卑，不要轻易放弃机会。即使面试失败了，也要分析原因，总结经验，以崭新的姿态迎接下一次面试。

第三节　职业礼仪

一、礼仪和职业礼仪

所谓"有礼走天下"，这个"礼"讲的就是礼仪，它不仅是个人良好素质修养的外在体现，也是融入社会的通行证。它是人们在长期社会生活中形成的一种习惯，是人类生存和发展的需要，是人们之间相互交流所产生的一种形式，久而久之的约定俗成。

中华优秀传统文化源远流长，在历史长河中创造了灿烂的文明，形成了高尚的道德准则、完整的礼仪规范和优秀的传统美德，被世人称为文明古国、礼仪之邦。"做人先学礼"，礼仪教育是人生的第一课。礼仪必须通过学习、培养和训练，才能成为人们的行为习惯。每一位社会成员都有义务和责任，通过学习礼仪、传承礼仪，成为一个讲文明的社会人。个人文明礼仪一旦养成，必然会在社会生活中发挥重要的作用。

二、职业礼仪的重要性

职业礼仪通常指的是礼仪在职业行业之内的具体运用，主要泛指商务人员在自己的工作岗位上所应当严格遵守的行为规范。

（一）良好的第一印象是求职成功的前提

初次见面时，面试官会根据以往的经验和阅历，对应聘者的综合素质、发展潜力等作出主观评价，形成心理定势，这就是第一印象。有时，这种第一印象就是面试官对应聘者无形的判断要素。因此，学生在专业形象面试前要注意自我职业定位，着装要得体，不仅要与应聘岗位性质相匹配，还要与现场氛围相适应。

（二）大方得体的言谈举止是求职成功的重要因素

1. 提前到达场地并做好准备工作

在开始面试之前，应聘者应按时到达并安静等候。应聘者是否准时是面试官评估应聘者对面试的重视程度和责任感的标准之一。建议应聘者提前到达面试地点，并提前做好准备，这也有助于应聘者冷静下来，梳理好自己的情绪，缓解紧张情绪。如果应聘者因特殊情况而迟到，应提前与面试官联系，并作出必要的解释，以免在面试中产生误会。如果是对方原因造成的未能按时面试，也应主动表示理解，并安静等待。在等待的时间里，不妨留意一下面试单位是否有文化墙、广告海报、宣传册、内刊等可供阅读，可利用这段时间多了解一些单位的情况，以加深对公司的了解，也可在面试时拓宽自己的谈话话题。

2. 大方得体地展现自己

进入面试场地，求职者应始终面带微笑，不要过分紧张，对碰到的单位员工或竞争者都应彬彬有礼。一进门要先跟考官问好，然后就座。在进出面试办公室时，注意入场和离开的礼仪，尽量保持正面相向或侧身行进。在面试过程中一定要保持抬头挺胸的姿态，表现出饱满的精神和热情。

3. 在面试过程中认真倾听并做出适当回应

认真倾听是对面试官的最大尊重，只有准确了解对方的意图，才能作出有针对性的回答，为自己争取更多的时间。经过充分思考以及字斟句酌后给出答案，可以减少不必要的失误。倾听时注意表情自然，面带微笑，表现出自己正在专注于当下的谈话，也可以用眼神或手势给予适当的反馈表示尊重对方、关注对方的意见和感受。如果听不清楚或有疑问，可以礼貌地询问，不必过于害羞。

4. 整体态度坦率并真诚

候选人在面试中应该尽可能做到真诚坦率，招聘单位对应届毕业生的水平和能力是有合理的心理预期的，他们不会过分苛责这些刚走入社会的大学生，因此在他们的招聘观念中，更希望找到"合适的和可发展

111

的人"，而不是"完美的人"。所以在回答问题时，如果遇到自己不会的问题，可以坦率地回答"不知道"，也可以委婉地说："我目前对这种情况不太了解，但我未来会在这个方面多多学习。"

（三）做好充分的事前准备可以增加信心

大学生对于应聘求职岗位，应尽可能多地获取相关资料。例如，应聘岗位所在的行业的宏观环境、未来发展趋势、应聘单位的发展历史、价值观和工作理念、应聘职位的用人标准、硬性和软性素质要求以及竞争环境等。事先做好这些功课，面试官在面试提出相关问题时便可应答如流，应聘者在问题的回答中也可以自然地融入这些内容，这样不仅能体现应聘者对招聘单位的重视，也能增加面试官的好感，增强应聘者的信心。

三、职业礼仪的具体内容

（一）面试仪容和着装

面试时的着装千差万别，能体现不同的品位，内容很多，需要注意一些关键的知识点。

1. 男士着装的禁忌

（1）西装七忌：西裤过短；衬衫放在西裤外；不扣衬衫扣；西服袖子长于衬衫袖；领带太短；衣、裤袋内鼓鼓囊囊；西服配便鞋。

（2）三大注意：袖标要剪；穿夹克、短袖不打领带；穿西装时，不穿白色袜子、尼龙袜子。

（3）领带夹不能外露于西服以外；腰间不挂钥匙；口袋不装钢笔、钱包。

2. 女士着装的禁忌

（1）不要穿黑色短皮裙。

（2）不要穿过于紧身、暴露的衣服。不要穿太短或领口太低的裙子（裤子）；夏天，内衣（裤子）的颜色应与外套的颜色一致，避免暴露颜色和轮廓。

（3）颜色选择，女性应该避开粉红色，这种颜色往往给人不稳重的印象。

（4）袜子不能有脱丝。

（5）饰物方面，个子较矮小的女生，包则不宜过大；戴首饰的重要原则是：少则美，面试时不要戴脚镯。

3. 禁忌的小动作

（1）玩弄衣带、发辫、香烟盒、笔、纸片、手帕等分散注意力的物品。

（2）玩手指头、抠指甲、抓头发、挠头皮、抠鼻孔。

（3）跷起二郎腿乱抖、用脚敲踏地面、摇摆下腿。

（4）双手托下巴、说话时用手掩着口等。

（二）个人的肢体语言

人际交往中，人的感情流露和交流往往借助于人体的各种姿态，这就是我们常说的"肢体语言"。美国心理学家艾伯特·梅拉比安把人的感情表达效果总结了一个公式：感情的表达 = 语言（7%）+ 声音（38%）+ 表情（55%）。

1. 坐姿需要注意的知识点

（1）坐着时，不能前倾或后仰，也不要左右歪斜。

（2）不要将双腿张开过大或向前全部伸直。

（3）坐下后不可随意挪动椅子。

（4）不要并拢大腿或交叉小腿，不要将手放在臀部下方。

（5）不要高架"二郎腿"或"4"字形腿。

（6）腿、脚不能不停抖动。

（7）不要猛坐猛起。

（8）坐沙发时不应太靠里面，不能呈后仰状态。

（9）不要将手放在两腿之间。

（10）不要跷着脚，整个脚掌接触地面，自然发力即可。

（11）不要把双手撑在椅子上。

（12）不要把脚放在椅背、沙发或茶几上。

2. 手势需要注意的知识点

手势是人们利用手来表示各种含义时所使用的各种姿势，是人们交际时不可缺少的肢体语言。

（1）要双手捧送，除非一手持物，才可单手。

（2）递给他人物品，要直接交到对方手中为好。

（3）在递物时应让对方便于接取。

（4）在将带有文字的物品递给对方时，应使正面朝向对方。

（5）与人谈话时不要用手支着下巴。

（6）不要用手指他人。

第四节　信息收集

求职者只有对应聘企业进行足够多的信息收集，才能在简历设计、服装安排、面试内容，甚至面试官信息等多方面进行准备，让自己全面发挥。

毕业前就业信息的收集与整合分析，将使毕业生在就业中处于优势地位。

一、收集就业信息前应做好准备

（一）了解就业政策

要了解当前国家有关部门对毕业生的就业政策，对就业形势有个大致的把握。只有了解了就业政策，才能把握就业的方向。在此基础上，联系自身实际情况，明确自己的就业范围。

求职者要先了解国家就业方针、原则和政策及相关的就业法律法规，再根据自己的求职意愿查询求职单位当地的用人政策，如各市及各区招聘的政策、人事代理政策、落户政策等。这些政策不仅可以在人力资源和社会保障部官网、地方官方网站查询，每年相关部门还会将就业政策整合，开放一个统一的平台供求职者查询使用。如 2023 年教育部组织开展了"2023 年高校毕业生就业创业政策宣传月"活动，权威解读各地在促进高校毕业生基层就业、自主创业、应征入伍、权益保障等政策措施和鼓励企业吸纳毕业生就业政策，覆盖国家级、省级、地市级三个维度，涉及 31 个省份和新疆生产建设兵团以及 100 余个地市级单位的高校毕业生就业创业政策。毕业生可登录国家大学生就业服务平台（网址：https：//www.ncss.cn/）查询相关信息。

（二）就业市场供求信息

求职者尤其是应届毕业生，在求职前要充分了解当年毕业生总的供求形势，即本地区与自己同时毕业的学生有多少，而用人单位的需求有多少，是供大于求还是求大于供，或者两者基本平衡，哪些专业紧俏，哪些专业已经饱和等，以此来确定自己的求职方向。在确定求职目标后，要详细了解用人单位的信息，如用人单位的基本情况、经营范围、企业历史文化等。

（三）明确自身定位

恰当地给自己定位，从自己目前的知识、能力、特长、身体及足以影响就业的其他方面去判断自己，从自身优势和不足两方面客观认识自己。唯有如此，毕业生才能准确判断什么样的工作适合自己，在就业中才能抓住机遇。

二、就业信息的收集途径

（一）通过传播媒介

传播媒介的特点是信息快、多、广，而且直接、明确、具体，对毕业生确定就业有很大帮助。网站、小程序、短视频平台等传播工具是就业信息的重要来源。尤其是就业相关网站、各地人力资源网站、自媒体平台、微信小程序等会有大量的招聘信息。通过人力资源网站，可以随时查询就业信息。了解公司的背景资料、营运状况等。网络可以说是最有效、最好用的找工作方式。

（二）社会实践和实习了解需求信息

毕业生在校期间所从事的社会实践和毕业实习等活动，是毕业生了解用人单位，以及用人单位了解自己的很好途径。不论是同学们自己利用寒暑假安排的实习或是学校要求的实习，都可以作为应聘信息的来源，这便于我们获得业内人士的帮助，取得该行业最真实、有效的信息。

（三）就业市场或毕业生就业洽谈会

每年各地级市人才交流中心都会在春节前后举行大型招聘会，各大院校也一般会在春季、秋季组织开展就业招聘现场会。

（四）通过相关人员的联系介绍

求职者托朋友、熟人寻找单位时，一定要使这些人相信自己的业务能力、专业水平及作风品质。也可通过关系介绍，利用社会关系网络，如通过家长、亲戚、朋友、老师、同学等渠道来获取就业信息。

（五）通过学校就业主管部门获取职业信息

学校就业指导部门在长期工作中积累了丰富的工作经验，而且和诸多行业部门有长期的联系，建立了密切合作的关系。因此，通过学校的就业主管部门获取的职业信息准确性高、可靠性强，这是现阶段毕业生求职的一条重要途径。

三、就业信息的筛选

对于收集到的职业信息，要依据自己的专长、特长、爱好、志向等情况进行认真的筛选，有针对性地进行排列、整理和分析。只有这样，才能使获得的信息具有准确性、全面性和实用性。

一般来说，一则较好的就业信息应包含以下要素。

（1）工作单位的名称，单位的性质以及所属上级主管部门的名称。

（2）单位的实力以及发展远景，如在某个行业领域中处于龙头地位，或在社会整体运行中处于不可或缺的地位。

（3）单位的具体情况，如工作地点、工作时间、个人待遇、福利待遇、有无食堂等。

（4）对求职人员的具体要求，如所学专业要求、学历要求、政治身份要求、身体素质要求等。

需要注意的是，有些单位往往只宣传自己的优势，不提劣势，这就要求毕业生通过对该单位提前调查，了解和注意这些被有意隐藏的信息。

四、就业信息的利用

面对许许多多的就业信息时，要仔细筛选其是否符合自己的就业预期，不要随便同意一个用人单位发来的邀约，要仔细甄选看看适不适合自己。也不要总是抱有"前面总有更好的"这种贪心的心态，遇到心仪的就业岗位应该尽快与用人单位签订就业协议书或劳动合同，否则最后很容易前功尽弃，就业失败。

第五节 创 业 指 导

一、大学生创业现状

（一）创业的概念

创业是指承担风险的创业者通过寻找和把握创业机会，投入已有的技能知识，配置相关资源，创建新企业，为消费者提供产品和服务、为个人和社会创造价值和财富的过程。

粗略的创业概念主要是指创业者利用手中现有的资源，比如启动资金、科学技术、专业知识等，在自己选定的或与自己资源配置相适宜的创业方向上抓住创业机会，创建新公司的这个过程。创业能激发市场新的活力，为消费者提供新的购买需求，促进社会经济的向上运行。创业这个概念细化来说包括以下几层含义：

（1）创业是一个从零开始创造的过程，因此创业者要付出更多的精力、金钱和时间。

（2）创业需要抓住机会，创业机会是在现有的经济体制中对商业、服务业等行业中潜在商机的深挖与利用。

（3）适合创业的温床永远是市场，要在目前的市场经济中发掘潜在的创业机会。

（4）好的创业要以回报社会为基础，通过带动新的消费趋向，刺激市场活力，促进社会经济发展和社会稳步运行。

（二）创业的关键要素和关系

1. 创业的要素

创业包含很多要素，比如创业方向、人力资源、技术资本、启动资金等，它们被分为三类，分别是创业机会、创业团队和创业资源。创业机会是创业者可以开发利用的商业机会；创业团队是一个才能互补，分担责任，愿意在企业的早期阶段为实现共同的创业目标而共同努力的创业群体；创业资源是创业者创造价值所需的具体资产，分为有形资产和无形资产，有形资产包括办公房屋、机器设备、现有的产品等，无形资产包括专业知识、科学技术、专利权、商标权等。

2. 创业要素之间的关系

创业是创业机会、创业资源和创业团队这三个要素协调平衡的结果，创业本身就是一个不断寻求平衡的行为组合。其中，创业机会是创业过程的驱动力，创业资源是创业过程的基础，创业团队是创业过程的主人公。

（三）创业的分类

1. 按照创业的出发点来分

（1）机会型创业。机会型创业是指创业者创业的原始目的是发现和利用潜在的商机，并不是出于简单的温饱需要而实施创业。这类创业的创业者所实施的创业项目往往更为新颖，有的甚至可以发展出新的行业，不仅能创造市场新的需要，赋予经济市场新的活力，还可以解决劳动力市场供需不平衡的问题，进而影响整个经济社会的资源配置。这种类型的创业在发达国家比较常见，目前在我国数量相对少一些。

（2）谋生型创业。谋生型创业是指创业者并不是因为在市场中发现了新的商机而实施创业行为，大多是因为求职或就业遇挫，迫于生计不得不选择自主创业。这类创业倾向于从事加盟店、授权店、零售店等方向，是在现有市场中寻找商机，不创造新的需求，多为模仿型、追随型创业，因此往往规模小、易立足，但想引领新的潮流或做大做强却极为困难。我国的创业大多数都是这种类型。

2. 按创业起点分

（1）创建新企业类型。此种类型是指创业者带领其创业团队从零开始创业，所创立的是全新企业，不仅需要很多启动资金，且伴随着巨大的风险和难度挑战。

（2）企业二次创业类型。此种类型是指创业者在已有的企业或公司中进行创业，正式通过企业流程再造、二次创业、三次创业乃至连续不断地创业，企业的生命周期才能不断地在循环中得以延伸。

3. 按创业者的数量分

（1）自主创业，是指创业者自己创办企业。其特点是创业者拥有产业所有权，企业决策都由创业者一人作出，相对独立、自由、快捷。但相应地，在创业过程中遇到的风险与挑战也需要创业者一人承担，这很容易造成创业者由于压力过大放弃创业。

（2）合伙创业，是指创业者与他人共同创办企业。其优缺点与自主创业相反，几个创业者共同拥有该产业的所有权，风险共担，企业资源丰富多样，创业者在对企业作出决策时需要与自己的合伙人商议、协定，并且集合了多个创业者的才能，但相应的公司决策的速度就比较慢。

4. 按创业类型分

（1）传统技能型创业。是指创业者使用传统方法和技术开展的创业项目。这类创业在日常生活中比较常见，如酿造、饮料、中药、工艺美术、服装和食品加工及修理等行业。

（2）高新技术型创业。是指新技术、新产品领域的知识密集型、尖端型和研发型创新项目。

（3）知识服务型创业。是指主要以知识和信息为创业产品的创业项目。如今教育水平不断提升，人们接触到的知识越来越繁杂，知识更新也越来越快，各种信息类咨询服务，如律师事务所、会计师事务所、管理咨询公司、广告公司等逐步走入市场并收获大量的消费者。

5. 按创业方向或风险分

（1）依附型创业。主要分为两种，一是从事辅助服务方向，比如创业公司为大企业、大公司提供配套服务；二是创业公司采取特许经营方式，如加盟麦当劳、肯德基等。

119

（2）追随型创业。即模仿他人创业。其特点一是创业方向并不走在潮流的前沿，二是捡取市场上的遗漏产业，弥补市场上的缺失。

（3）独创型创业。是指提供填补市场空白的创业产品或服务，这种原创性创业不苛责创业内容的创新，也可以采取旧内容和新形式。

（4）对抗性创业。是指进入市场并与其他已形成垄断的企业竞争，这种创业形式风险颇高，需要创业者作出审慎的判断。

6. 按创新内容分

（1）基于产品创新的创业。是指在技术创新或工艺创新等基础上创造新的消费群体，从而引发创业行为。

（2）基于营销模式创新的创业。是指引入不同于其他企业或供应商的营销模式，从而提高消费者满意度，开创新的营销道路。

（3）基于组织管理系统创新的创业。是指采用有别于其他企业或供应商的组织管理系统，从而提高产品商业化和产业化的效率。

（四）创业须具备的条件

1. 社会经验

在校大学生由于一直在校园中没有走向社会，缺乏对社会的了解，尤其是在市场开拓、创业方面，所以需要大学生在高校时利用假期时间积极参加社会实践以及实习工作，积累社会经验，避免眼高手低，培养做市场背景调查的习惯，提高创业成功的可能性。

2. 资金方面

很多学生认为，资金是创业最大的问题。的确，对刚走出学校的大学生来讲，拥有足够的启动资金是天方夜谭，但目前我国针对大学生创业资金的帮扶政策有很多，大学生创业者需要提前熟知这些政策，获得专属的创业帮助。

3. 技术和知识

技术和知识可以说是创业项目的核心，没有竞争力强的核心技术，创业项目就难以在市场上立足。在这一点上大学生创业者具有显著优势，他们虽然在市场资本方面有所匮乏，但其自身优势也非常明显，就是丰富的专业知识储备和灵活的思维。

4. 个人能力

由于长期在学校受教育，大学生对社会创业的"游戏规则"并不熟悉，他们的技术能力、财务管理能力、市场营销能力、沟通能力、领导能力不够成熟。要想创业成功，创业者不仅要精通技术，还要学管理。建议创业者可以在一开始通过合伙创业、家族企业或低成本的虚拟商店来锻炼自己的创业技能。

二、大学生创业

（一）支持大学生创业的相关政策

大学生是大众创业、万众创新的主力军，支持大学生创新创业具有重要意义。应深化高校创新创业教育改革，将创新创业教育贯穿人才培养全过程，建立以创新创业为导向的新型人才培养模式。

支持大学生创业的相关政策如下：《国务院关于强化实施创新驱动发展战略进一步推进大众创业万众创新深入发展的意见》《国务院关于推动创新创业高质量发展打造"双创"升级版的意见》《教育部办公厅关于做好2018年深化创新创业教育改革示范高校建设工作的通知》《国务院办公厅关于提升大众创业万众创新示范基地带动作用进一步促改革稳就业强动能的实施意见》《国务院办公厅关于进一步支持大学生创新创业的指导意见》。

（二）创新创业教育进展情况

加强大学生创新创业服务平台建设，优化大学生创新创业环境。

教育部和发改委建设了19个高校双创示范基地，200所深化创新创业教育改革示范高校，中央财政共计支持8.8亿元打造创新创业教育改革示范区；全国累计开设创新创业教育专门课程2.8万余门，推出了52门创新创业教育精品慕课；全国高校创新创业教育专职教师近2.8万人，兼职导师9.3万余人；建立了全国万名优秀创新创业导师人才库，首批入库4492位导师；深入实施"国家级大学生创新创业训练计划"，2019年118所部属高校、932所地方高校的3.84万个项目立项；"互联网＋"大学生创新创业大赛累计230万个团队的947万名大学生参赛，累计170万大学生踏上"青年红色筑梦之旅"。

（三）大学生创业的方向

虽然如今创业市场商机无限，创业成功者层出不穷，但对社会资本积累几乎为零的大学生创业者来说，成功创业并非唾手可得。在这种情况下，大学生创业者更应选择好适合自己的创业方向来弥补自身在资金、能力、经验等方面的限制。

1. 高科技方向

大学生受过良好的高等教育，他们的专业素养及思想观念往往走在科学技术进步发展的前沿，因此在这一领域创业有着更大的优势，很多新兴的高科技产业创业都是水到渠成的事。通常来说，拥有先进的技术能力和非常精通的专业知识是大学生创业成功的保障。打算在高科技领域创业的大学生可以积极参加各种创业大赛，不仅可以积累技术经验，还能在吸引风险投资方面脱颖而出。

2. 智力知识服务方向

灵活的思维、充足的知识储备是大学生特有的创业资本，智力服务创业是大学生创新创业容易生根发芽的领域。大学生在学校接触的专业方面的技术指导，足够他们充当社会中一部分企业的技术顾问。拿汽修行业举例，机械制造等相关专业的大学生就可从汽修这一个小切入点进行创业，因为汽修行业的技术人员所掌握的知识储备没有机械等专业的大学生丰富，在充分了解市场需要的基础上，大学生利用自身所学，对知识进行融合交汇，对技术进行革新换代，就可以实现成功的创业项目。

3. 连锁加盟方向

对于创业资源十分有限的大学生来说，连锁加盟不失为一个好的方式，不仅可以利用已经打出市场的品牌名气，还能掌握已经经过市场检验的成熟的工业技术以及营销策略，而且现有的设备也可以缓解资金不足的问题，可以以较少的投入、较低的门槛实现自主创业。但连锁加盟市场鱼龙混杂的现状，也使得这种创业方向并非"零风险"，大学生仍需擦亮眼睛，以谨慎的态度选择。

4. 网络就业方向

随着网络信息技术、自媒体平台等日新月异的发展，越来越多的创业者开始转向新的经营方式，比如开网店、直播带货等，但这并非人人都能干，自媒体创业往往需要创业者性格上非常外放，表达逻辑清晰，善于与人交往，如果自身有这样独特的优势，可以选择这种能强烈突出自我性格优势的行业进行创业。

（四）大学生创业应避免的雷区

1. 不切实际的创业期望

以 IT 行业，即高科技行业为例，这已然成为大学生眼中的香饽饽。一些服务行业，如零售业、家政业等，调查显示近年来该行业内的平均年龄不断上升，也侧面地反映出这些行业普遍不是年轻大学生的选择。事实上，高科技行业僧多粥少，社会上多少成功的创业者尚且计划进去分一杯羹，能留给大学生创业的资源可谓越来越少，再加上高科技领域的创业不仅伴随着巨大的技术压力还需要不间断地投入大量的启动资金，单凭毕业生一己之力很难做出成就。

2. 只停留在空想阶段

大学生创业初期最常见的言论就是"就算我们每件产品只能赚 100 块，如果能卖出去 10000 件，我们也能赚 100 万"，然后沾沾自喜于这种不切实际的假设中。由于大学生缺乏行业经验、市场经验，甚至很多大学生创业者在创业前都没有为自己的产品或项目做过市场调研，只是做出理想化的结论，因此在创业初期往往深陷创业空想和迷思。因此，大学生创业初期首先就应做好市场调研，一些创业项目的可行性研究需要委托专业机构进行，在有行业意识、市场意识、发展意识的基础上进行创业，这样才具有可持续性。

3. 拒绝寻求外界帮助

在强调团队精神的现代社会，创业者单枪匹马取得成功的可能性大大降低。在很多成功创业者的例子中，具备团队精神已成为创业者不可或缺的特质；对于风险投资家来说，创业者的团队是否具有合作能力是他们决定是否投资的一个重要考察因素。现在的大学生往往个性张扬、自尊心强，在创业中他们虽然有主见、独立，但有时也存在固执和自以为是的情况，这会对创业的成功率产生很大影响。所以大学生在创业的时候要注重团队合作，相互之间密切配合，取长补短要比单打独斗更容易形成创业合力，从而提高创业的成功率。

（五）大学生创业的难关

1. 风口关

社会包罗万象，纷杂的商业不免让创业者在选择创业方向时眼花缭乱。"在哪个领域创业能赚钱？"这恐怕是创业者在选择创业时首先想到的问题。正如小米公司的创始人雷军所言："站在风口上，猪都能飞。"诚然，创业方向的正确选择可以说是创业成功的一半，那么如何选择正确的"风口"，这就是大学生创业的第一个难关。不少大学生创业者会在时代的潮流中迷失自我，盲目选择当下的新兴产业，结果新兴产业弊端很快暴露，市场限缩，创业者赔得血本无归。所以对于大学生创业者来说，首先要以审慎的态度对待接二连三出现的"风口"，反复考虑，不要一时冲动。另外，大学生创业最好"做熟不做生"，也就是选择自己最熟悉、最有资源、最有经验的行业发展，换句话说，最好是在自己的专业领域内发掘小的商机，进而做大做强。

2. 资金关

有了创业方向就要有启动资金作为支撑，但刚刚走出学校的大学生很难有社会资本积累，没有资金一切构想都是纸上谈兵，于是一些大学生创业者为了快速获取创业资金不惜出让大股份或贱卖自己的自主知识产权，从而慢慢被大公司从股权或技术上吞噬，错过自由发展的机会。因此大学生在为创业项目引资的时候，不要仅看重对方能提供多少资金，更要重视对方的企业理念、技术革新，是不是真的有实力等硬件，而不要因为对方对自己的吹捧或是威逼利诱就盲目作出选择。

3. 统筹管理关

初出茅庐的大学生很难有资源整合的能力。一方面，他们并没有摸索出做领导者的关键要义，没有统筹规划和放手的能力；另一方面，公司的职员通常不多，往往一个人同时兼任公司好几个角色，于是人事部门、财务部门、市场部门等全都交给一人打理，这就出现了资源整合失败、管理模式混乱的情况，是大学生创业失败的又一主要原因。

4. 心态关

刚创业的大学生大都雄心勃勃，觉得自己有了"金点子"就能开公司，对市场运行规则不了解，对行业整体不了解，仅凭着自己脑海中只是雏形的创意就贸然进入，可以说，创业需要热情和野心，但热情和野心背后是对创业项目以及市场行业冷静的思考和审视，所以大学生创业要保持平常心，不能过于自负或过于胆小，应该抱有乐于吃苦和不断学习的心态，坦然接受失败。

第六章 权益保障与就业案例

第一节 就业权益保障

一、大学生就业权益保障的概念

权益保障是指政府在法律和政策上给予个人的一种保障，其目的是保护个人的权利和利益，使其有更强的法律地位，以便他们能够更好地享受公民权利。而大学生就业权益保障更偏向于国家通过立法和颁布相关政策来保护大学生有关其就业的相关权利和利益。目前我国大学毕业生就业相关的主要法律法规有：《中华人民共和国劳动法》《中华人民共和国劳动合同法》《中华人民共和国就业促进法》《中华人民共和国劳动争议调解仲裁法》《普通高等学校毕业生就业工作暂行规定》等。

二、大学生就业权益的内容

大学生在求职过程中，权益保障是非常重要的话题。大学生群体有着许多独特的权益，这些权益在求职过程中应该得到保障。

（1）就业信息知情权。即毕业大学生有及时全面获取公开就业信息的权利。

（2）接受就业指导权。高校毕业生在就读期间以及毕业期间，有权接受来自国家、社会和学校的及时、有效的就业指导与服务。

（3）被推荐权。毕业大学生享有被学校及时、公正、如实推荐到用人单位的权利。

（4）平等就业权。大学生应平等地接受学校推荐，平等地参与招聘，单位录用毕业生时也应该公平、公正及一视同仁。

（5）就业选择自主权。毕业生对应聘行业及岗位有自主选择权，任何人、任何单位不得强制，学生与单位之间应该"双向选择，自主择业"。

（6）择业知情权。有权了解用人单位的主体资格、劳动岗位、劳动条件、劳动报酬以及规章制度等情况。

（7）违约求偿权。如果用人单位、毕业生、学校的三方协议签订后，任何一方擅自毁约或违约，其他利益相关方均有权请求违约方赔偿损失。

三、法律法规有关大学生就业权益的规定

在《中华人民共和国劳动法》《中华人民共和国劳动合同法》《中华人民共和国社会保险法》等相关法律法规中，针对大学生签订的劳动合同内容方面的规定，为大学生的就业权益提供了法律性、政策性保护。

（一）劳动合同和三方协议

1. 劳动合同

劳动合同分为固定期限劳动合同、无固定期限劳动合同和以完成一定工作任务为期限的劳动合同三类。固定期限劳动合同是指用人单位与劳动者约定合同终止时间的劳动合同，合同中明确约定劳动时间，如自2022年1月1日起至2023年1月1日止。无固定期限劳动合同，是指用人单位与劳动者约定无确定终止时间的劳动合同，高校毕业生与用人单位签订的大多为此类合同。以完成一定工作任务为期限的劳动合同，是指用人单位与劳动者约定以某项工作的完成为合同期限的劳动合同，比如工程建设合同，该工程结束合同随之结束。

关于劳动合同签订时间，《中华人民共和国劳动合同法》第十条规定："建立劳动关系，应当订立书面劳动合同。已建立劳动关系，未同时订立书面劳动合同的，应当自用工之日起一个月内订立书面劳动合同。"对于未与劳动者订立书面劳动合同的用人单位，《中华人民共和国劳动合同法》第八十二条规定："用人单位自用工之日起超过一个月

不满一年未与劳动者订立书面劳动合同的，应当向劳动者每月支付二倍的工资。"

2. 三方协议

《全国普通高等学校毕业生就业协议书》，简称"就业协议书"，俗称"三方协议"，是由教育部高校学生司统一制定的，各省份教育主管部门印制的，明确毕业生、用人单位、学校三方在毕业生就业工作中的权利和义务，由毕业生、用人单位、学校三方签订的协议。这个三方指的就是毕业生这一方和用人单位以及学校这两方来签订的，内容就是明确毕业生的工作内容以及其他的权利和相关的义务。三方协议虽然是一份三方意向性协议，不是劳动合同，但它具有法律效力。从目前国家的法律实践来看，法院对此类纠纷一般适用《中华人民共和国民法典》有关规定作出判决。

（二）劳务派遣

根据《中华人民共和国劳动合同法》第五十八条、第五十九条和第六十二条的表述，劳务派遣是指劳务派遣单位招收劳动者并与之签订劳动合同，按照其与用工单位订立的劳务派遣协议将劳动者派遣到用工单位劳动，并由用工单位监督管理的用工形式。在劳务派遣用工形式中，劳动关系存在于劳务派遣单位与派遣员工之间，劳务派遣单位负责派遣员工的管理、薪资、劳动合同等。

根据《中华人民共和国劳动合同法》"第五章第二节劳务派遣"的规定，用工单位需要履行的义务包括：执行国家劳动标准，提供相应的劳动条件和劳动保护；告知派遣员工工作要求和劳动报酬。支付加班费、绩效奖金，提供与工作岗位相关的福利待遇。对在岗被派遣劳动者进行工作岗位所必需的培训；连续用工的，实行正常的工资调整机制。另外，用工单位不得将被派遣劳动者再派遣到其他用工单位。同时，被派遣劳动者有权在劳务派遣单位或者用工单位依法参加或者组织工会，维护自身的合法权益。

（三）试用期

《中华人民共和国劳动法》第二十一条规定："劳动合同可以约定试用期。试用期最长不得超过六个月。"试用期是用人单位和劳动者为了相互了解、选择而约定的不超过 6 个月的考察期。劳动合同当事人约定试用期的，试用期的期限应该符合《中华人民共和国劳动合同法》第十九条的规定："劳动合同期限三个月以上不满一年的，试用期不得超过一个月。劳动合同期限一年以上不满三年的，试用期不得超过二个月。三年以上固定期限和无固定期限的劳动合同，试用期不得超过六个月。同一用人单位与同一劳动者只能约定一次试用期。以完成一定工作任务为期限的劳动合同或者劳动合同期限不满三个月的，不得约定试用期。试用期包含在劳动合同期限内。劳动合同仅约定试用期的，试用期不成立，该期限为劳动合同期限。"

另外，试用期期限属法律规定，试用期的延长只能在法律规定的期限内由双方协商一致确定。劳动合同其他条款的变更，都应经双方协商一致，如任何一方不能接受，应按原约定继续履行，法律法规另有规定的除外。

（四）"五险一金"方面

"五险一金"中的"五险"是指养老保险、医疗保险、失业保险、工伤保险和生育保险；"一金"是指住房公积金。其中，养老保险、医疗保险和失业保险由用人单位和个人共同缴纳，工伤保险和生育保险完全由用人单位承担。《中华人民共和国劳动法》和《中华人民共和国社会保险法》均对"五险一金"作出了相关规定。

1.《中华人民共和国劳动法》关于"五险一金"的规定

其中，第七十条规定："国家发展社会保险事业，建立社会保险制度，设立社会保险基金，使劳动者在年老、患病、工伤、失业、生育等情况下获得帮助和补偿。"

第七十二条规定："社会保险基金按照保险类型确定资金来源，逐步实行社会统筹。用人单位和劳动者必须依法参加社会保险，缴纳社会保险费。"

第七十三条规定："劳动者在下列情形下，依法享受社会保险待遇：退休；患病、负伤；因工伤残或者患职业病；失业；生育。劳动者死亡后，其遗属依法享受遗属津贴。劳动者享受社会保险待遇的条件和标准由法律、法规规定。劳动者享受的社会保险金必须按时足额支付。"

2.《中华人民共和国社会保险法》关于"五险一金"的规定

除了《中华人民共和国劳动法》有关规定外，2011 年 7 月 1 日起施行的《中华人民共和国社会保险法》也对"五险一金"等社会保险作了更为细致和详尽的规定。

《中华人民共和国社会保险法》第四条规定："中华人民共和国境内的用人单位和个人依法缴纳社会保险费,有权查询缴费记录、个人权益记录,要求社会保险经办机构提供社会保险咨询等相关服务。个人依法享受社会保险待遇,有权监督本单位为其缴费情况。"第五十八条规定:"用人单位应当自用工之日起三十日内为其职工向社会保险经办机构申请办理社会保险登记。未办理社会保险登记的,由社会保险经办机构核定其应当缴纳的社会保险费。自愿参加社会保险的无雇工的个体工商户、未在用人单位参加社会保险的非全日制从业人员以及其他灵活就业人员,应当向社会保险经办机构申请办理社会保险登记。国家建立全国统一的个人社会保障号码。个人社会保障号码为公民身份号码。"

"五险一金"与大学生就业后的实际收入、福利状况等有密切联系,毕业生在择业和签约前要充分考虑并且了解清楚相关问题,不能盲目相信一些用人单位薪酬上的许诺,要弄清楚月薪中是否包含"五险一金"。另外需要注意的是,"五险"是法定的,而"一金"不是。用人单位不能以劳动者同意不缴纳"五险"为由而不为该劳动者缴纳社会保险费。

(五)关于带薪休假

《中华人民共和国劳动法》规定,国家实行带薪年休假制度,劳动者连续工作一年以上的,享受带薪年休假制度。国务院 2007 年颁布的《职工带薪年休假条例》规定,机关、团体、企业、事业单位、民办非企业单位、有雇工的个体工商户等单位的职工连续工作 1 年以上的,享受带薪年休假(以下简称年休假)。单位应当保证职工享受年休假。职工在年休假期间享受与正常工作期间相同的工资收入。职工累计工作已满 1 年不满 10 年的,年休假 5 天;已满 10 年不满 20 年的,年休假 10 天;已满 20 年的,年休假 15 天。国家法定休假日、休息日不计入年休假的假期。

按照人力资源和社会保障部《企业职工带薪年休假实施办法》第八条规定,职工已享受当年的年休假,年度内又出现《职工带薪年休假条例》第四条第(二)、(三)、(四)、(五)项规定情形之一的,不享受下一年度的年休假。

另外,《企业职工带薪年休假实施办法》第十四条规定:"劳务派遣单位的职工符合本办法第三条规定条件的,享受年休假。被派遣员工在劳动合同期限内无工作期间由劳务派遣单位依法支付劳动报酬的天数多于其全年应当享受的年休假天数的,不享受当年的年休假;少于其全年应当享受的年休假天数的,劳务派遣单位、用工单位应当协商安排补足被派遣职工年休假天数。"

(六) 关于离职和违约

1. 劳动合同的离职和违约

劳动者有就业的权利,也有辞职重新选择就业单位的权利。《中华人民共和国劳动合同法》第三十七条规定,员工试用期内离职提前 3 日书面通知用人单位、非试用期提前 30 日书面通知用人单位即可解除劳动合同。劳动者的辞职权与劳动合同期限长短没有任何关系。

支付违约金应有法律依据。《中华人民共和国劳动合同法》第二十二条规定:"用人单位为劳动者提供专项培训费用,对其进行专业技术培训的,可以与该劳动者订立协议,约定服务期。劳动者违反服务期约定的,应当按照约定向用人单位支付违约金。违约金的数额不得超过用人单位提供的培训费用。用人单位要求劳动者支付的违约金不得超过服务期尚未履行部分所应分摊的培训费用。用人单位与劳动者约定服务期的,不影响按照正常的工资调整机制提高劳动者在服务期期间的劳动报酬。"《中华人民共和国劳动合同法》第二十三条规定:"用人单位与劳动者可以在劳动合同中约定保守用人单位的商业秘密和与知识产权相关的保密事项。对负有保密义务的劳动者,用人单位可以在劳动合同或者保密协议中与劳动者约定竞业限制条款,并约定在解除或者终止劳动合同后,在竞业限制期限内按月给予劳动者经济补偿。劳动者违反竞业限制约定的,应当按照约定向用人单位支付违约金。"《中华人民共和国劳动合同法》第二十五条规定:"除本法第二十二条和第二十三条规定的情形外,用人单位不得与劳动者约定由劳动者承担违约金。"

《中华人民共和国劳动合同法实施条例》第二十六条规定:"用人单位与劳动者约定了服务期,劳动者依照劳动合同法第三十八条的规定解除劳动合同的,不属于违反服务期的约定,用人单位不得要求劳动者支付违约金。有下列情形之一，用人单位与劳动者解除约定服务期的劳动合同的，劳动者应当按照劳动合同的约定向用人单位支付违约金：（一）劳动者严重违反用人单位的规章制度的；（二）劳动者严重失职，营私舞弊，给用人单位造成重大损害的；（三）劳动者同时与其他用人单位建立劳动关系，对完成本单位的工作任务造成严重影响，或经用人单位提出，拒不改正的；（四）劳动者以欺诈、胁迫的手段或者乘人之危，使用人单位在违背真实意思的情况下订立或者变更劳动合同的；（五）劳动者被依法追究刑事责任的。"

为保护劳动者权益，《中华人民共和国劳动合同法》同样规定了用人单位须支付劳动者赔偿金的情形，包括但不限于"不及时与劳动者签订书面劳动合同""违法约定试用期""不按照规定或约定向劳动者支付劳动报酬""用人单位侵犯劳动者的人身权利"等内容。这些在《中华人民共和国劳动合同法》"第七章法律责任"第八十条～第八十九条及第九十二条～第九十四条中都做了明确说明。

2. 三方协议的解约

三方协议解约可依据《中华人民共和国民法典》第五百六十二条，当事人协商一致，可以解除合同。当事人可以约定一方解除合同的事由。解除合同的事由发生时，解除权人可以解除合同。三方协议的解约分为单方解除和三方解除（见表6－1）。

表6－1　　　　　　　　　　单方解除和三方解除

单方解除	三方解除
单方解除包括单方擅自解除和单方依法或依协议解除。单方擅自解除。单方擅自解除协议，属违约行为，解约方应承担违约责任。单方依法或依协议解除。是指一方解除就业协议有法律上或协议上的依据。如大学生未取得毕业资格，用人单位有权单方解除就业协议；大学毕业生离校前考取研究生，按原先协议上约定，可解除就业协议。此类单方解除，解除方无须对另一方承担法律责任	三方解除是指大学毕业生、用人单位、学校三方经协商一致后（以大学毕业生、用人单位意见为主），取消已经订立的协议，使协议不再产生法律效力。此类解除是三方当事人真实意思一致表示的体现，三方均不承担法律责任。三方解除应在就业计划上报主管部门之前进行，如就业派遣计划下达后三方解除，则需要办理就业解约手续

三方协议一般按照以下流程解约。

一是到原签协议单位办理书面同意的解约函，解约函须盖该单位的公章。

二是向本学院提出书面申请并阐明解约理由，同时附上单位解约函、原《就业协议书》负责毕业生就业的学院负责人签署意见并签字、盖章后交学生处就业指导中心。

三是学生处就业指导中心根据有关规定审批发换新的《就业协议书》。

四是毕业生领取新协议后到学院备案。

在实践中，用人单位签订三方协议时一般会说好违约情形，并说明违约金的数额，所以签订三方协议后的毁约方是否需要支付违约金，须看协议书内容。根据三方协议的约定会按以下处理。

一是如果协议中约定了违约金，那么谁毁约谁就应该支付违约金，但是违约金过高的可以要求减少。

二是如果协议中没有相关违约金的规定，便不需要支付违约金。

三是如果用人单位没有正当理由要求解约，大学毕业生有权要求对方继续履行就业协议。为保障大学毕业生的合法权益，学校应向违约单位及其上级主管部门和省级毕业生就业主管部门反映情况，进行交涉，由大学毕业生和用人单位协商解决。在协商未果的情况下，大学毕业生可通过法律途径维护自己的合法权益。

四、毕业生应履行的义务

一是如实向用人单位介绍自己的情况。包括介绍教育经历、毕业院校、所学专业、在校表现、学习成绩、健康情况、社会实践经历及实际具备的各种能力，并如实提供可能证明自己情况的相关资料。这是用人单位准确了解毕业生的重要基础。

二是接受用人单位组织的测试和考核。用人单位为了招聘到符合要求的毕业生，一般都要通过一些测试或考核手段来掌握毕业生的情况，进行比较后再做出是否录用的决定。毕业生应予以积极配合，接受测试和考核，充分展现自己的能力，以获得期望的工作。

三是履行就业协议。毕业生与用人单位签订就业协议后，应在规定的时间内前往签约单位报到工作，不得擅自变更或无故自行解除协议。

四是遵守学校有关规定文明离校，办理相关离校手续。

五、大学生就业权益保障现存问题

（一）三方协议与劳动合同混淆

在大学生就业过程中，就业协议与劳动合同具有明显区别。三方就业协议书是教育部统一印制的，受国家制定的有关高校毕业生就业的法规和政策保护，其主要用途是明确三方的基本情况及要求。其有效期自高校毕业生与用人单位签订协议书起，至毕业生到用人单位报到止。而劳动合同是受《中华人民共和国劳动法》和《中华人民共和国合同法》保护，时间上一般是高校毕业生向用人单位报到后再与其签订劳动合同。另外，就业协议是三方合同，它涉及学校、用人单位、学生三方，三方相互关联但彼此独立；而劳动合同是双方合同，它由劳动者和用人单位两方的权利、义务构成。毕业生签订就业协议时仍然是学生身份，但是签订劳动合同时应当是劳动者身份。劳动合同一经签订，就业协议的效力应当丧失。若劳动合同与三方协议附件内容矛盾，则以劳动合同为准。

如果大学生欠缺权益保护意识而错将就业协议等同于劳动合同，当就业协议失效之后，大学生面临权益受损便无法找到保护自身权益的依据。在实践中部分用人单位为了避免将来被索要加班费及保险金等支出，故意不与大学生订立劳动合同，此种"知法"却"逃法"的情况并不鲜见。

（二）就业招聘歧视现象

关于招聘歧视现象，我国《中华人民共和国宪法》《中华人民共和国就业促进法》《中华人民共和国劳动法》《中华人民共和国妇女权益保障法》等都有所提及，但是在一些用人单位的招聘过程中，性别歧视与形象歧视却普遍存在。其中，大学生就业中的性别歧视主要是对女性大学生的歧视，部分单位甚至明示男女有别的录用条件，抑或通过隐形条款限制女大学生的生育权。除性别歧视外，关于残疾大学生的就业成功率，更是不容乐观。而随着社会与媒体的曝光与谴责，许多明显的性别歧视现象呈现出了隐性特点。形象歧视则体现为对容貌、体型、体重的歧视，在这种歧视中，一些形象普通但有真才实学的大学生很难享受到平等的就业权。

（三）就业押金问题

就业押金包括兼职工作押金与试用期阶段押金等形式。兼职工作往往不会签订规范的劳动合同，因此，用人单位为了防止兼职人员突然离职，会收取押金。而在全职工作中，用人单位为了确保员工在一段时间内不离职，也会收取押金。无论是兼职工作还是全职工作，用人单位在收取押金之后一般不会为大学生提供押金收据，虽然这种行为属于违法行为，但应聘者都不愿意在这个环节与用人单位发生争执，也间接导致这一问题成为目前大学生就业权益保障中的顽疾。

（四）大学生就业受骗现象

鱼龙混杂的就业市场在为大学生提供便利平台的同时，也带来了众多就业安全隐患。现实中，因为缺少对招聘单位的实地体验与明辨真伪的硬功夫，有的大学生不幸被黑中介骗走辛苦赚来的"血汗钱"，有的被当作传销组织的成员骗到了异地，还有的用人单位给他们巧设一系列合同陷阱，大学生们终因无法提供有效证据而束手无策。

第二节　就业权益保障典型案例

就业权益保障典型案例如表 6 - 2 所示。

表 6 - 2　　　　　　　　　就业权益保障典型案例

案例 1：求职应聘需警惕
小徐是一名 985 大学的毕业生，大学毕业后应聘工作，看到某公司正在招聘"储备经理人"，他觉得这个岗位地位高符合自己的求职目标，于是投递了简历，等真正入职之后发现实际工作岗位仅仅是"业务员"。 小美是今年刚毕业的应届毕业生，她将自己的简历投递到某公司，无果。不久后小美逛街时发现自己的照片和信息被人用来作为宣传材料，才知道自己简历上的信息被求职公司泄露。 小蔡正在应聘一家建筑公司的岗位，按照该公司要求将自己大学时期的建筑图纸、建筑作品作为简历资料提交，最终并未应聘成功，但发现自己的作品已被该公司盗用。 就业提示：警惕高职诱惑。一些用人单位利用大学毕业生缺乏社会经验和就业心切的心理，在招聘时编织美丽的谎言引其上钩、从中牟利。警惕隐私侵犯。用人单位将毕业生在求职时留下的信息资料，如姓名、年龄、身高、学历、电话、身份证号等进行公开、泄漏、出售，侵害当事人或谋求商业利益；或者在面试时，一些用人单位的恶意提问涉及个人隐私等。警惕知识产权侵犯。个别用人单位通过招聘时要求毕业生提供作品或者完成某项设计工作等方式，取得并盗用大学毕业生的智力成果

案例2：及时签约不轻信
赵某、钱某、孙某三人为同班同学，2021年大学毕业后，应聘到朝阳区某零售超市工作。入职时，该超市负责人态度热情，口头承诺了较好的工资福利，三人因缺乏相应的法律知识，轻信了该超市负责人的话，并未及时签订书面劳动合同。2022年3月底，三人提出离职，但超市拒绝支付2月、3月的工资。无奈之下，三人来到朝阳区法律援助中心申请法律援助。经审查，三人符合法律援助条件，法援中心当即指派援助律师承办此案。法律援助律师为确保三位刚毕业大学生尽快拿到被拖欠工资，决定申请劳动仲裁。在调查中律师发现，该零售超市与赵某、钱某、孙某既没有签订劳动合同，也没为其购买五险一金，但三人提供了足以证明存在事实上劳动关系的相关证据：工资发放记录、工作证、考勤表、工作记录等。律师收集齐相关证据材料，陪同三人到朝阳区劳动人事争议仲裁委员会申请劳动仲裁，要求该超市支付拖欠的工资。经过多方协调，三名刚毕业大学生成功维权，并拿到了拖欠的工资共计约2万元。 就业提示：在入职之前，毕业生一定要记得与用人单位签订劳动合同。关于劳动合同签订时间，《中华人民共和国劳动法》规定，如果已建立劳动关系，未同时订立书面劳动合同的，应当自用工之日起一个月内订立书面劳动合同。《中华人民共和国劳动合同法》规定，用人单位自用工之日起超过一个月不满一年未与劳动者订立书面劳动合同的，应当向劳动者每月支付二倍的工资
案例3：入职体检免受歧视
小刘是上海一所名牌大学法律系毕业生，2010年5月被一家国企法务部门录用。但在6月份进行的入职体检中，小刘被查出携带有乙肝病毒，为此，该国企拒绝录用小刘。多次交涉无果，小刘将该国企诉至法院，要求赔偿因拒绝录用而造成无法及时寻找其他工作的损失一万余元。法院经审理认为，劳动者的平等就业权应受法律保护，该国企在小刘已符合岗位的录用条件且身体合格后，没有及时录用小刘，应该赔偿小刘因此产生的损失。 就业提示：在入职之前，用人单位一般都会进行入职体检，来确定毕业生基本的身体素质是否符合要求。在实践中，除了用工职位有明确的要求并且提前在招聘时公示外，一般而言，法律禁止用人单位以携带乙肝病毒、身高不足、体重超标等原因拒绝录用应届毕业生，如果大家因上述原因而遭拒，就可以拿起法律武器来维护自己的权利
案例4：三方协议并非劳动合同
大学毕业时，小张与一家公司签订了《全国普通高等学校毕业生就业协议书》，约定了劳动服务期限为五年。毕业后，小张按照合同规定开始在该公司工作。此后，该公司长期不与小张签订书面劳动合同，经过交涉，公司答复小张说已经签订《就业协议书》了，就没有必要再签订劳动合同了。小张不服，提起仲裁，要求该公司支付其未签书面劳动合同的2倍工资差额。仲裁委员会支持了小张的申诉请求。 就业提示：首先，大家应要求用人单位及时和自己签署书面的劳动合同，约定工资报酬、岗位、期限、工时制等主要条款，劳动合同的签订是证明存在劳动关系最有利的证据，也是对用人单位和劳动者之间权利义务的最好规范。其次，要避免在空白劳动合同上签字，否则一旦用人单位改变约定的条件并且将不利条件写入劳动合同中以后，劳动者就处于不利地位了。最后，大家要注意劳动合同有其最基本的构成要件，用人单位不能以签订了《就业协议书》、入职登记表等为由拒绝签订书面劳动合同

案例5：劳动合同条款要合法
小吴为非北京生源毕业生。2021年7月毕业后入职北京市一家高新技术企业，并且由单位解决了北京市户口。双方签订的劳动合同中约定因公司为小吴解决了北京户口，所以小吴在该公司工作必须满五年，否则不满一年交纳一万元的违约金。2022年10月，小吴辞职，该公司要求小吴交纳违约金无果便将小吴诉至仲裁委。仲裁委员会没有支持该公司的申诉请求。 就业提示：根据《中华人民共和国劳动合同法》的规定，除涉及培训费用和保密义务的违反以外，用人单位不得与劳动者约定由劳动者承担违约金。因此大家要注意劳动合同中是否有违反法律规定的条款，比如说约定了户口落户之后劳动者提前离职须缴纳巨额违约金等条款；即使劳动者违反了上述条款的约定，也会因为上述条款本身违法无效而无须支付违约金
案例6：试用期也有权利保障
2022年6月1日，小张与某科贸公司签订了为期一年的劳动合同，约定试用期为三个月，小张试用期期间工资每月4500元；试用期满后工资每月5000元。试用期满后，小张经过了解认为公司违反约定试用期，便向仲裁提起申诉，要求公司支付超过约定试用期的工资差额。仲裁支持了小张的申诉请求。该公司不服向法院提起诉讼。法院经审理认为，用人单位违反约定试用期的，其应该按照正式职工待遇支付劳动者工作期间的劳动报酬。本案中，公司与小张在一年期的劳动合同中约定了期限为三个月的试用期违法，公司应该按照5000元的工资标准补足小张2022年8月工资差额500元。 就业提示：《中华人民共和国劳动合同法》明确规定，劳动合同期限三个月以上不满一年的，试用期不得超过一个月；劳动合同期限一年以上不满三年的，试用期不得超过二个月；三年以上固定期限和无固定期限的劳动合同，试用期不得超过六个月；并且同一用人单位与同一劳动者只能约定一次试用期。同时，在试用期间，用人单位支付给劳动者的工资报酬不能低于转正后的工资标准的80%，并且用人单位在试用期间就应为劳动者缴纳社会保险。大家要注意维护自己试用期内的相关权利，避免成为用人单位的廉价劳动力
案例7：用人单位收取押金于法无据
宋某毕业后入职一家民营企业，双方签订了为期三年的劳动合同。经过了三个月的岗前培训，宋某被安排到公司的核心业务部门担任技术人员。为了防止优秀员工的流失，该企业收取了宋某3万元的服务期押金，并且在劳动合同中约定服务期满前宋某无权要求公司退还押金。一年后宋某辞职，向公司索要3万元押金无果，便向仲裁委提起了申诉。仲裁委支持了宋某的申诉请求。 维权提示：投递简历、置办正装等已经成为应届毕业生们的必办事项，必要的支出无可非议，但是大家在面对用人单位以各种名义收取费用的时候一定要擦亮眼睛，以免上当受骗。比如说在用人单位以招聘为名收取面试、笔试费用的时候，大家要多思考一下，因为除了国家规定的可以收取费用的考试（比如国家及地方公务员考试）外，用人单位是没有权利收取所谓的考试费用的。另外，我国现在也已经禁止用人单位收取入职押金了，大家也应该注意

除了上述的几种情形以外，由于目前法律没有规范实习期间用人单位和大学生之间的权利义务，因此大学生毕业前参加实习时一定要和用人单位之间签署书面的协议，规定相关权利义务，比如如何处理工伤事

故、如何支付实习工资等。另外，由于劳动关系存在人身性和财产性的双重属性，应届毕业生正式进入用人单位之后，一定要要求用人单位及时缴纳社会保险并建立社会保险关系。

第三节　就业权益保障建议

一、社会层面的大学生就业权益保障路径

（一）政府部门的主导作用

保障大学生就业权益，政府部门必须发挥主导作用。一方面，政府部门要完善学生就业的相关配套制度。例如，与大学生就业相关的制度包括大学生户籍管理制度、大学生未就业等级评估制度、大学生失业保险制度、大学生困难补助制度等。另一方面，政府部门应着力营造公平适宜的就业环境。公平适宜的就业环境是指公平的就业平台、公开透明的招聘程序、同工同酬的机会以及消除社会就业障碍。

（二）高校辅助性的就业服务

在高校学生就业权益工作中，高等院校应注重做好就业指导工作，为高校学生就业提供更多的平台，为更有效地开展高校学生就业权益工作奠定基础。在高校开展就业指导工作的过程中，高校需要针对高校学生在就业过程中可能遇到的不良行为现象和应对策略组织专题讲座，在高校学生毕业实习以及就业签约之前，高校需要向高校学生对《中华人民共和国劳动合同法》等与高校学生就业权益相关的法律法规进行宣传。同时，高校要对大学生进行就业指导，使得应届大学生在招聘过程中了解自己的权利和义务，让大学生与社会用人单位站在平等的位置上。此外，高校应对大学生就业过程进行观察调查或建立学生反馈平台，及时了解就业过程中侵犯学生权益的情况，为保障学生就业权益提供帮助。

（三）招聘单位的自我约束

社会企业是大学生就业的主要去向，如果社会企业提供的岗位符合大学生的心理预期，并且大学生的专业能力能够满足社会企业要求，就能实现社会企业与大学生之间的双赢。但在现实中，由于人才市场供过于求，社会企业在双向选择中拥有更多的主动权，往往为能选拔出更优秀的毕业生，不断提高自己的用人标准，甚至采用不合理的招聘政策侵犯大学生的就业权益。为了保障大学生的就业权益，社会企业需要加强自我约束，在遵守法律法规的基础上制定合理的人才选拔标准。一方面，社会企业在进行人力资源开发时要注意遵守各类法律法规，如企业应与员工签订劳动合同、就业协议等。同时，行业组织要对违法用工、侵犯学生劳动权益的企业建立信用记录制度，通过建立招聘"黑名单"，促进社会企业严守规定，严格约束自己。另一方面，在人才聘用标准方面，社会企业应当坚持人尽其才、才尽其用的原则，不要对学生的教育经历有不切实际的期待和过高的关注。在此过程中，社会企业应做到重新审视自身人力资源需求，并围绕这一需求选择适合企业发展的大学生人才。

139

二、法律层面的大学生就业权益保障路径

（一）主要适用的法律

毕业生在自己权益受到侵犯时，不要惊慌失措，要懂得通过合法途径运用法律的武器来保护自己的权益。

《中华人民共和国劳动争议调解仲裁法》第二条规定：中华人民共和国境内的用人单位与劳动者发生的下列劳动争议，适用本法：因确认劳动关系发生的争议；因订立、履行、变更、解除和终止劳动合同发生的争议；因除名、辞退和辞职、离职发生的争议；因工作时间、休息休假、社会保险、福利、培训以及劳动保护发生的争议；因劳动报酬、工伤医疗费、经济补偿或者赔偿金等发生的争议；法律、法规规定的其他劳动争议。

《中华人民共和国劳动争议调解仲裁法》第五条规定："发生劳动争议，当事人不愿协商、协商不成或者达成和解协议后不履行的，可以向调解组织申请调解；不愿调解、调解不成或者达成调解协议后不履行

的，可以向劳动争议仲裁委员会申请仲裁；对仲裁裁决不服的，除本法另有规定的除外，可以向人民法院提起诉讼。"

（二）可选择的方式

1. 依靠国家行政机关

毕业生可向各级行政主管部门进行举报和投诉。主要包括毕业生就业主管部门、人力资源和社会保障部的劳动监察部门、物价局所属的物价监察机构、市场监管部门等。这些部门会依法对侵犯毕业生合法权益的行为进行打击处理。

2. 寻求法律援助

法律援助是由政府设立的法律援助机构委派法律援助人员帮助经济困难或特殊案件的人员解决法律纠纷或提供法律服务并减免收费的一项法律保障制度。法律援助是一项公共服务，旨在帮助和保护弱势群体的合法权益。如果在就业过程中出现法律纠纷，毕业生可以向当地的法律援助中心寻求法律援助，主要类型包括刑事辩护和刑事诉讼；民事和行政诉讼代理；非诉讼法律事务代理；法律咨询、代拟法律文件，以及其他类型的法律服务。

3. 依靠司法机关

我国的《中华人民共和国民法典》《中华人民共和国民事诉讼法》《中华人民共和国劳动法》《中华人民共和国行政诉讼法》《中华人民共和国刑事诉讼法》《中华人民共和国治安管理处罚条例》等法律法规明确规定，被害人有权对侵犯其人身、财产权利的犯罪事实或犯罪嫌疑人，向公安机关、人民检察院或人民法院报案或提起诉讼。毕业生可在切身利益受到侵犯时，依靠司法机关保护自己的合法权益。

（三）劳动争议的处理

当劳动争议双方不能对争议达成共识的时候，要借助相关的劳动争议处理机构加以解决。劳动争议处理机构主要有劳动争议调解委员会、劳动争议仲裁委员会和人民法院。

《中华人民共和国劳动法》第七十七条规定："用人单位与劳动者发生劳动争议，当事人可以依法申请调解、仲裁、提起诉讼，也可以协商解决。"可见，劳动争议处理程序可分为协商、调解、仲裁、诉讼四个阶段（见图 6-1）。

阶段一：协商	·协商是指劳动者与用人单位就争议的问题直接进行协商，寻找纠纷解决的具体方案。与其他纠纷不同的是，劳动争议的当事人一方为单位，一方为单位职工。因双方已经发生一定的关系而使彼此之间相互有所了解。双方发生纠纷后最好先协商，通过自愿达成协议来消除隔阂。但是，协商程序不是处理劳动争议的必经程序。不愿协商的，可以直接申请调解。
阶段二：调解	·争议发生后，当事人不愿协商或协商不成的，可以向本单位劳动争议调解委员会申请调解。调解委员会由单位代表、职工代表和工会代表组成。调解委员会调解劳动争议，应当自当事人申请调解之日起30日内结束。到期未结束的视为调解不成；经调解达成协议的，下发调解协议书。双方当事人应当自觉履行。但是，与协商程序一样，调解也不是处理劳动争议的必经程序。调解程序同当事人自愿选择，且调解协议也不具有强制执行力，如果一方反悔，同样可以向仲裁机构申请仲裁。
阶段三：仲裁	·仲裁是指劳动纠纷的一方当事人将纠纷提交劳动争议仲裁委员会进行处理的程序。该程序既具有劳动争议调解灵活、快捷的特点，也具有强制执行的效力，是解决劳动纠纷的重要手段。《劳动法》第八十二条规定："提出仲裁要求的一方应当自劳动争议发生之日起60日内向劳动争议仲裁委员会提出书面申请。仲裁裁决一般应在收到仲裁申请的60日内做出。对仲裁裁决无异议的，当事人必须履行。"申请劳动仲裁是解决劳动纠纷的选择程序之一，也是提起诉讼的前置程序，即如果想提起诉讼打劳动官司，必须要经过仲裁程序，而不能直接向人民法院起诉。
阶段四：诉讼	·诉讼是由不服劳动争议仲裁委员会裁决的一方当事人向人民法院提起诉讼而启动的程序。该程序具有较强的法律性、程序性，做出的判决也具有强制执行力。《劳动法》第八十三条规定："劳动争议当事人对仲裁裁决不服的，可以自收到仲裁裁决书之日起15日内向人民法院提起诉讼。一方当事人在法定期限内不起诉又不履行仲裁裁决的，另一方当事人可以申请人民法院强制执行。"

图 6-1　劳动争议处理程序

资料来源：《中华人民共和国劳动法》。

三、学生个体层面的大学生就业权益保障路径

（一）提升自我保护能力

大学生就业权益保障工作旨在提升学生法律意识、自我保护意识，促进学生在求职、就业阶段利用自己的能力保护好自己的合法权益。

（1）了解自身权益。大学生群体需要重视在高校中了解与自身就业权益相关的知识，特别是需要积极参加高校组织的就业指导活动与法治教育活动，从而了解自身就业权益受到侵害的模式以及应对办法。

（2）学习相关政策、法律法规。在求职、签约之前，一定要全面了解和掌握毕业生就业政策，做好相关法律法规的知识储备，最大限度地保护自己正当权益。

（3）敢于据法力争。当大学生就业权益受到侵害时，大学生要敢于运用法律武器维护自身的合法权益，避免一味退让而让侵害自身就业

权益的主体具有可乘之机。

（4）增强风险意识。大学生在维护自身就业权益的过程中，要关注自己的就业权益在各个阶段受到侵害的风险，并提高自身的防范意识，比如在就业过程中，大学生一定要清醒地认识到与用人单位签订就业合同、劳动合同来保护自身权益是十分必要的。据此，大学生应理智地选择自己的就业权益保护方式，虽然法律武器是保护自己就业权益最有效的方式，但这并不是唯一的方式。大学生可以根据实际情况选择维权方式。

（5）端正求职心态。毕业生心理不成熟，在被侵权时往往自乱阵脚，委曲求全。这会给毕业生带来身心的伤害，进而影响他们未来的发展。就业陷阱无处不在，不小心掉入陷阱的毕业生需要端正心态去继续寻求工作。

（6）借鉴专家意见。在就业过程中遇到疑惑和困难，要及时咨询有关专家、老师和家长。毕竟毕业生在社会阅历方面还是一片空白，而法律专家的专业视角、学校老师的指导经验，能够给毕业生提供一些帮助。

（二）就业求职中注意事项

（1）警惕黑中介。求职者在找工作时经常感到一团乱麻，这就给了不法的求职中介可乘之机，如果求职者要寻求中介机构的帮助，首先要核实其是否具备中介资质以及其是否严格履行业务范围内的工作。

（2）警惕假兼职。时间自由又赚钱的兼职在年轻的求职者群体里越发受到欢迎，但请保持警惕心，不要轻信小广告，也不要幻想有既轻松又赚钱的"好差事"，在兼职期间要注意保护好个人信息以及个人人身安全。

（3）警惕乱收费。应聘工作本身并不需要任何费用，对于那些将先交报名费、培训费等作为条件的招聘面试都要谨慎对待，这样的招聘面试本身就不符合规定，切勿一时求职心切，就放松警惕掉进不法分子的陷阱里。

（4）警惕扣证件。包括身份证、护照、学历证书等，任何单位或个人都无权使他人上交或保留他人的证件原件，如果要求出示证件以证明相关资质，求职者应复印相关证件并在空白处注明用途。

（5）警惕培训贷。求职者在参加培训前要看培训机构是否具备培训资质、承诺薪资是否与社会同等岗位条件薪资水平大体一致，时刻保持警惕之心，一旦发现被骗，应立即向有关部门报案。

（6）警惕非法传销。要了解国家有关禁止传销的法律规定，自觉抵制各种诱惑，牢记"天上不会掉馅饼"，树立拒绝传销的防范意识。

参 考 文 献

[1] 陈喜林．市场经济条件下的职业道德教育研究［D］．武汉：武汉大学，2006．

[2] 池忠军．关于建设大学生就业指导学的几点认识［J］．中国矿业大学学报（社会科学版），2000（2）：88．

[3] 符惠明．面向21世纪高校教材　就业导航：新编大学生就业指导教程［M］．苏州：苏州大学出版社，2006：132．

[4] 高丽，赵炜中．思想政治教育工作与大学生创业素质培养［J］．河北农业科学，2012，16（9）：96－98．

[5] 公民道德建设实施纲要［M］．北京：人民出版社，2001：6．

[6] 韩晓欧．浅析企业员工的职业生涯管理［J］．太原城市职业技术学院学报，2013（3）：81－82．

[7] 姜永伟，于宝林，冯雷．"互联网＋"时代高校教育中的价值观塑造——以法学教育为例［J］．中国电化教育，2022（2）：83－90．

[8] 黎娟娟，黎文华．后物质主义价值观视角下的大学生慢就业——基于北京某高校的质性研究［J］．中国青年研究，2023（5）：25－33．DOI：10.19633/j.cnki.11－2579/d.2023.0059．

[9] 李枝霖，李佳．东北地区高校大学生就业影响因素分析［J］．辽宁工程技术大学学报（社会科学版），2023，25（3）：222－229．

[10] 林夕宝，王传明．大学生就业指导［M］．北京：北京理工大学出版社，2006：115．

[11] 刘铁．我国大学生就业指导工作目标体系构建与模式实现研究［D］．哈尔滨：哈尔滨工程大学，2011：11．

[12] 吕汉城．家庭环境对大学生择业的影响分析［J］．青年与社会，2019（5）：2．

[13] 马胜凯，李志强．21世纪大学生应具备的知识结构与能力素

质［J］.沈阳电力高等专科学校学报，2003（3）：73－75.

［14］沈晓.大学生就业心理问题探究与自我调适［J］.学校党建与思想教育，2013（S1）：88－90.

［15］王敏瑞.大学生就业指导教育中法律素质培养对策研究［D］.哈尔滨：哈尔滨理工大学，2014.

［16］王全亮，黄剑华，张小菲.新形势下高校毕业生就业现状及对策研究——以广西科技大学7000名毕业生为样本［J］.中国大学生就业，2023（6）：58－68.

［17］王文中.合理定位与职业目标规划［J］.绿色科技，2014（7）：333－335.

［18］王燕，魏金普.完善高校就业服务体系的现实途径［J］.人力资源，2021（24）：128－129.

［19］吴刚.破解当前大学生就业困境［J］.人力资源，2020（20）：92－93.

［20］徐国平.大学生就业心理问题及其影响因素［J］.公关世界，2022（16）：70－71.

［21］徐笑君.职业生涯规划与管理［M］.成都：四川人民出版社，2008：14.

［22］杨勇.后疫情时代高校毕业生就业形势及对策［J］.合作经济与科技，2023（17）：86－87.

［23］杨跃平，梁发斌.员工职业生涯规划与企业发展［J］.有色金属，2003（1）：152－155.